U0591609

江门学派

明代心学重镇

郭海鹰【著】

岭南学术思想丛书

林　雄　主编　顾作义　副主编

南方传媒
广东人民出版社
·广州·

图书在版编目（CIP）数据

江门学派：明代心学重镇 / 郭海鹰著. —广州：广东人民出版社，2023.7
（岭南学术思想丛书）
ISBN 978-7-218-16064-1

Ⅰ. ①江… Ⅱ. ①郭… Ⅲ. ①心学—研究—中国—明代 Ⅳ. ①B248.25

中国版本图书馆CIP数据核字（2022）第176198号

JIANGMEN XUEPAI：MINGDAI XINXUE ZHONGZHEN
江门学派：明代心学重镇
郭海鹰 著

出 版 人：肖风华

策划编辑：梁 茵
责任编辑：陈 丹 古海阳
责任技编：吴彦斌 周星奎

出版发行：广东人民出版社
地 址：广州市越秀区大沙头四马路10号（邮政编码：510199）
电 话：（020）85716809（总编室）
传 真：（020）83289585
网 址：http://www.gdpph.com
印 刷：珠海市豪迈实业有限公司
开 本：890毫米 × 1240毫米 1/32
印 张：9 字 数：150千
版 次：2023年7月第1版
印 次：2023年7月第1次印刷
定 价：65.00元

总　序

冯达文

由林雄主编、顾作义副主编，四位青年学者著述的《岭南学术思想丛书》第一辑《菊坡学派：粤地学派开端》《江门学派：明代心学重镇》《九江学派：晚清思想标本》《康梁学派：近代启蒙先锋》四种，即将与读者见面，值得庆贺！

岭南，与中原地区比较，文明起步较晚。直至秦皇朝一统中国，派兵南下，设置桂林、象、南海三郡，岭南才有了政治制度的建构。入汉，一批又一批从北方派来的官员陆续开设学校，“导之礼义”（《后汉书·南蛮西南夷列传》），岭南才又日渐获得文化教养。学校设置不仅引来了北方士子，也培育出本土士人。如“三陈”（陈钦、陈元、陈坚）、“四士”（士燮、士壹、士䵋、士武），就以精通《春秋》名世。儒学的传播向岭南导入文明，强化了国家的认同意识。

汉末、三国、魏晋南北朝四百年间，不仅儒学在岭南产生了广泛影响，道教、佛教也纷纷传来。东晋时期名道葛洪就曾入罗浮山修炼，所撰《抱朴子》，开创了道教的外丹学，影响久远。佛教从北方南传，粤人牟子著《理惑论》；从海路北上，康居后人康僧会撰《六度集经》。这些著作，力图把佛、道与儒学会通起来，开启了我国早期文明互鉴的路子，为隋唐时期的思想文化繁荣奠定了根基。

但是至此为止，岭南地区尚未形成真正具有较大影响力的“学派”。

在岭南发展起来，最先具影响力的思潮或学派，是新州（今新兴县）人惠能开创的禅宗顿教。惠能以“即心是佛”“一悟即到佛地”的觉解，把佛教信仰收归心性，使佛教从宗教信仰转变为心性调养，开启了佛教的中国化历程。此后，禅宗思想融入宋明儒学，共同营造与进一步强化了中华民族独特的精神品格，并深深影响了海外多地的文明进程。

宋朝，为传统中国经济政治与思想文化的一个转型期。在经济领域，开启了由以农业为主导向以商业为引领的初始变化；在社会结构层面上，出现了由以乡村为中心向以城市为中心的过渡；在管理体制上，发生了由权贵政治向文官政治的转易；在教育领域里，呈现了由官方办学向官私各家分流办学的新态势。

从思想文化的角度看，后两种变化影响深远。此前的官办学校，主要是为了应试与选拔官员；而私立学校，固然也有应试的功能，但由于相对地独立，便得以更关切精神教养与人文情怀。官办学校，师生关系难免有似于君臣关系；私立学校，师生关系侧重传道授业。通过传道授业，学术影响得以代代承接，才能形成真正的学派。本辑丛书四种所及的四大学派，后三大学派都是在这种背景下才营造出来的。

李强博士撰写的《菊坡学派：粤地学派开端》，学派始创者与奠基人为崔与之（1158—1239），广东增城人，晚年号菊坡。该书详尽地追溯了崔菊坡的求学经历及治事业绩，清晰地梳理了菊坡学派形成的社会历史背景和传承脉络，较好地诠释了菊坡学派的思想特征、学术宗旨、历史地位和影响。及其以“重惜名节，务实致用”一语概括菊坡及其学派的突出特点时，我们不难看到，菊坡学派既与同时代的程朱学派有共同的道德诉求；又与浙东事功学派有一致的实践取向，力求把理想下贯于现实，这与岭南传统的务实精神相与衔接，至今仍有启发意义。

郭海鹰博士撰写的《江门学派：明代心学重镇》，学派开创者为陈献章（1428—1500），号白沙，江门人；光大者为湛若水（1466—1560），号甘泉，增城人。白沙子把自己视作菊坡的私淑弟子，把菊坡“重惜名节”的一

面推向极致，而成为开启明代心学的先驱。他拒斥繁琐的义理架构而崇尚自然，讲求在“静中养出端倪”，显然即出于对利禄躁动的拒斥。其弟子甘泉在西樵山等地建书院传白沙学，及其以“随处体认天理”一说发展白沙思想，实又主张要在日常行事上贯彻价值理想，而与菊坡主张的“务实致用”相与契合。

菊坡学派、江门学派，体现了岭南士人不离现实而践行道德的问学精神。

现实是不断变迁的。我国于宋代已出现“商业革命”（费正清认定）的大潮，而欧洲直至15—16世纪，商业资本主义才发展起来，落后中国四五百年。可惜的是，中国商人在城里赚了钱后，却急急忙忙回乡下买田置地，以乐做“乡绅”为“光宗耀祖”；欧洲商人却为利益驱动把钱投向技术创新，而有了18世纪的“工业革命”。工业产出源源不绝的商品，包括毒品，再凭借船坚炮利向世界各地倾销，来到中国便爆发了鸦片战争。失败后的中国逐步沦为半殖民地半封建社会，中国的士子特别是岭南学人开始为“救亡图存”呼喊，再度创造一个又一个新学派，推出新构想。本丛书的《九江学派：晚清思想标本》《康梁学派：近代启蒙先锋》的创建者均是岭南学人。

李辰博士的著作就以研究“九江学派”的开创者朱次琦（1807—1882）为主题。朱次琦，南海九江人，世称九江先生。九江先生面对鸦片战争后清廷的腐败与天下的纷乱，致力于在思想文化上的匡正。儒家学问，清中叶重汉学，后续演变为“汉宋之争”。汉学沉迷于章句注疏，而宋学偏重心性义理，两家均有所得，亦均有所失。九江先生以重新回归孔子为治学宗旨，莫问汉宋，兼取经史，不只为经师，亦要做人师。弟子中以简朝亮（1851—1933）与康有为（1858—1927）影响最大。康有为称其师曰：“以躬行为宗，以无欲为尚，气节摩青苍，穷极学问，舍汉释宋，源本孔子，而以经世救民为归；古之学术有在于是者，则吾师朱九江先生以之。”（《朱九江先生佚文叙》）作为道德学问的典范，朱次琦深深影响了一代人，及“经世救民”，则有赖于康有为那一代人了。

马永康博士为研究康有为、梁启超的专家，《康梁学派：近代启蒙先锋》是他的作品。康有为，南海人；梁启超（1873—1929），新会人。二人为著名的“百日维新”的发动者。康有为早年从学于朱次琦，所幸身处岭南边陲，与海外有更多的交往，对西方制度施设有一定的了解，因而得以成为发起改良运动的主导人。康有为力图重新解释中国本土思想资源，以对抗西方基督教的涌入及作为推动变革的合法性依据，最终未能如愿。变法失败后，康、梁分手。康提倡孔教，回归保守；而梁鼓吹民主，力求“新民”。值得称道的是思想的对立并不影响他们的师生情谊，体现出中国学人应有的精神教养。该书对康有为后期对传统的那份执着，持有一种“同情之理解”（陈寅

恪语），也是难得的。在孔子开创的儒学中，“礼学”作为公共社会的制度施设，无疑有“时”与“变”的问题，需要理性务实，不能随时而变便会被淘汰；“仁学”源出于“亲亲之情”“仁民爱物”，这是人之为人、人类社会得以维系的基本价值信仰，它的正当性毋庸置疑，否则不会有未来。

近代以来，岭南学人辈出，学派林立，只要能够平情地讨论其长处和不足，应都可入选丛书。期待本丛书有第二辑、第三辑乃至更多后续作品的面世！

目录

contents

绪 论

有明一代，以心学的兴起与繁荣作为它的时代特色，而其代表人物往往以陈献章（字公甫，称白沙先生）、王守仁（字伯安，号阳明）、湛若水（字元明，称甘泉先生，晚号默翁）为主，如《明史》便讲：

原夫明初诸儒，皆朱子门人之支流余裔，师承有自，矩矱秩然。曹端、胡居仁笃践履，谨绳墨，守儒先之正传，无敢改错。学术之分，则自陈献章、王守仁始。宗献章者，曰江门之学，孤行独诣，其传不远。宗守仁者，曰姚江之学，别立宗旨，显与朱子背驰，门徒遍天下，流传逾百年，其教大行，其弊滋甚。嘉、隆而后，笃信程、朱，不迁异说者，无复几人矣。要之，有明诸儒，衍伊、洛之绪言，探性命之奥旨，锱铢或爽，遂启歧趋，袭谬承讹，指归弥远。至专门经训授受源流，则二百七十余年间，未闻以此

名家者。经学非汉、唐之精专，性理袭宋、元之糟粕，论者谓科举盛而儒术微，殆其然乎。[①]

《明史·儒林传》这里应是较早将由陈献章建立的学派称为“江门之学”，而认为它开启明代学问的新风气，所以在这个意义上我们称之为“重镇”，但它说其“孤行独诣，其传不远”却有问题。造成这种误解大概可以从两个方面来讲：一方面是陈献章的教学方法，正如《四库全书总目提要》：“史称献章之学，以静为主。其教学者，但令端坐澄心，于静中养出端倪，颇近于禅，至今毁誉参半。”[②]也就是白沙学问以静虚为主要特征，与禅宗接近，而似叛离儒家正宗，“毁誉参半”，作为官方正统的《明史》对白沙自然不会有积极肯定；另一方面则与其师传统绪的认知与建构相关。我们看黄宗羲（字太冲，号梨洲）在《明儒学案》中所讲：“有明之学，至白沙始入精微。其吃紧工夫，全在涵养……至阳明而后大。”[③]黄宗羲总结明代的思想精神，明代之初的学术完全是遵循朱熹的学问，所谓“此亦一述朱，彼亦一述朱”，认为到陈白沙这

① 张廷玉等撰：《儒林传》，《明史》卷二八二，中华书局1984年版，第7222页。

② 永瑢等：《四库全书总目提要》卷三十三，中华书局1965年影印本。

③ 黄宗羲：《明儒学案》，中华书局2008年版，第79页。

里，明代的时代精神为之一变，而阳明则是这一时代潮流的引领者和光大者。黄宗羲这一思想史的叙事脉络后来也常常被学术思想史研究者所采用。

当时与王阳明分主教事，身为陈白沙得意弟子的湛若水的身影却时常被有意或无意忽略，只是作为陈白沙与王阳明的陪衬。这与湛甘泉对当时学坛的影响力不符。事实上，在《明儒学案》中，黄宗羲亦有言："王湛两家，各立宗旨，湛氏门人，虽不及王氏之盛，然当时学于湛者，或卒业于王，学于王者，或卒业于湛，亦犹朱陆之门下，递相出入也。其后源远流长，王氏之外，名湛氏学者，至今不绝，即未必仍其宗旨，而渊源不可没也。"[①]

从这里来看，湛甘泉与王阳明一样热衷于讲学活动，对当时的思想界也有重要的影响，湛氏亦可算是推动明代这一学术思潮转变的旗手，而且"其后源远流长，至今不绝"，既然"不绝"又为何《明史》不将甘泉之统绪归之江门，恐怕与他们认为白沙、甘泉这两位江门学派最重要的掌门人在思想上存在一定张力相关。譬如，最早将江门学派带入现代学术视野的岭南学者黄节先生，其《岭学源流》（1908）中辟相应篇幅讨论陈献章、湛若水二人思想及其与王守仁的区别，即认为甘泉思想虽受白沙影响，但是二人思想不能无异，白沙主静，而甘泉主动；另

① 黄宗羲：《明儒学案》，中华书局2008年版，第875页。

一方面，甘泉虽与阳明共订学盟，但其学“与阳明之学相左”①。

但是我们这本小书所讲的“江门学派”是指由陈献章开创，并由湛若水光大而传承的学术共同体。我们简要梳理一下江门学派的学传统绪，陈献章自然为学派开派宗祖，而第一代传人主要有林光（字缉熙，号南川）、张诩（字廷实，号东所）、吕钦（字克恭，号医闾山人）、李承箕（字世卿，号大厓居士）及湛若水。湛若水虽然是以上几位弟子中游学白沙最晚者，但是却深受白沙肯认，并将寓意学派衣钵的江门钓台传给甘泉，以期其光大师门。而湛若水也果然没有令白沙失望，他每至一处皆建书院以纪念先师白沙，并传道授业，甘泉门人学生遍至四海，其一传弟子较为出名的有蒋信（字卿实，号道林）、王道（字纯甫，号顺渠）、吕怀（字汝德，号巾石）、唐枢（字惟中，号一庵）、何迁（字益之，号吉阳）、洪垣（字峻之，号觉山）、蔡汝楠（字子木，号白石），而甘泉再传及后弟子中主要有史桂芳（字景实，号惺堂）、杨时乔（字宜迁，号止庵）、唐伯元（字仁卿，号曙台）、许孚远（字孟中，号敬庵）、冯从吾（字仲好，号少墟）、刘宗周（字起东，别号念台，因讲学山阴县城南蕺

① 黄节：《岭学源流》，邓实、黄节主编《国粹学报》，1908年版，第40期。

山，遂被学者称为蕺山先生）。

江门的学派统绪有几处地方需要说明。张诩较早跟随白沙游学，但其学中“禅意”颇多，而且在白沙身后与师门诸子有争学派传人之嫌，他的《白沙先生行状》中有很多失实，并有将白沙学引入“禅宗”危险，以致白沙更加受时人误会，因此后来师兄弟们虽未将其“逐”出师门，但同门师弟对他多有批评。而蒋信作为湛若水的门人弟子在传统是有争议的，因为蒋信最早是跟随王阳明学习，后来才改投湛若水门下。黄宗羲《明儒学案》就将他视为王阳明弟子而归到《楚中王门》。黄宗羲这种划分是有问题的，最主要的原因是蒋信自己的自认，我们从他的著述中可以见到他称甘泉为吾师，而称阳明为先生。而王道则是湛若水早期弟子，但后来学问气质却颇以道家为特质，其后作的《老子忆》，甘泉看到此书时非常不满，特地撰《非老子》一书予以驳斥，将其逐出师门，但我们这里依然将他纳入江门学派弟子中，主要原因是，他在甘泉早年讲学活动中扮演着重要角色，他的贡献值得我们注意。

我们再来谈一谈本书写作所涉及的几个问题。第一个问题是本书确定的研究对象为何确定为江门学派，而不是江门心学。“心学—理学”作为传统宋明理学分系的基本框架，并不足以囊括江门学派，因为在江门学派中，“气”的因素在其义理系统中所占据的位置非常高，它不仅仅是一个物质构成的形下之气，更是一个学者工夫超越的本体根据。所以，本书以“生生之理气”作为一个贯穿所有篇章的线索进行书写。第二个问题是材料的使用。江门学派涉及的思想家非常多，他们著述的体量亦非常庞大，仅湛若水就有四百多万字文献遗存，想要在这本小书中穷尽主要思想家的思想、著述是不可能完成的任务。在这种情况下，本书主要以江门学派两位掌门人即陈献章与湛若水的思想及文献作为主要的论说对象，而兼及学派其他人物的思想、著述。第三个问题是本书的研究视角。儒家有源远流长的修身传统，江门学派诸子其思想、言说或许有所差异，甚至冲突，但是他们都无不例外地将其作为改变自己身心性命的切己之学，他们是真正做到知行合一的。所以，这本书除了气论以外，贯穿的另外一条线索是江门学派的修身工夫论说，梳理其最为重要且极富学派特色的“本体—工夫—境界”命题，试图呈现江门学派的工夫论体系。第四个问题是本书的写作策略。虽然贯以学派二字，但学派间不同思想家的思想张力甚至紧张的问题无法避免。事实上，即使同一思想家在不同生命历程的思想亦会有不同，便如陈献章、湛若水，其学问一生都有数变。在这本小书中，我们无法充分展现江门学派内部思想的丰富及复杂性，我们的书写尽量从学派内部的思想传承与一致性来开展，当然，这并不意味着我们无视他们思想间的歧异。

第一章 江门学派的气论

江门学派素以其“心学”为学者所熟知，而它的“气论”历来并非研究者们格外关注的主题。但无论是其“自然”宗旨、“鸢飞鱼跃”之论，还是“性者天地万物一体”“生理”（或者说“神理”）等思想主张，抑或是静养端倪、养知等修身工夫论，无不有一股“气”袭面而来、跃然纸上，不可胜收。而且，与阳明学派比较而言，在江门学派的义理系统中“气”并不是一个隐性，而是一个显性的课题。

近代研究者中，张岱年先生最早注意到传统宋明理学中“心学—理学”的二分系统中遗漏掉“气”的重要影响，并提出“气学”作为宋明理学的另一种类型。但由于他运用马克思主义的观察视角，将“气”与“唯物主义”相联系，以至于以张先生为代表的研究者（侯外庐版的《宋明理学》也是这种典型）从来没有关注到江门学派的气论。比较早关注到这一问题的是日本学者山井涌，他在研究湛若水及刘宗周的哲学思想时，将他们的思想归属到“气的哲学”，并且与罗钦顺、王廷相、王夫之等明代朱子学者划归为一类。虽然山井涌先生别具慧眼，注意到江门学派的气论问题，但是这一划分恐怕湛若水、刘宗周自己是不会同意的。因此，日本马渊昌也先生及杨儒宾教授都曾经对山井涌先生这一划分作出检讨，而在气学中区分出“先天型”与“后天型”两种类型。如果借用杨儒宾教授的类型学划分，江门学派的气论应当属于“先天型”，因为江门学派的“气”并不是单纯是物质或质料意义上的气，它不仅用来解释宇宙万物的形成与演化，而且更是作为学者修身工夫的超越根据。

第一节　儒家思想系统中的“气”

要准确理解江门学派的气论，必须将它置放在整个儒家的思想系统中加以考察。“气”在中国的思想史上是一个非常重要但又很复杂的概念，我们在这里只能做简要的思想史回顾。这种复杂度最主要是与我们的先民对它的理解或信念相关，也就是“气”究竟是一种什么东西？就如我们今天在自然界所观察到的现象一样，气最开始的含义无非是指自然界的云气、雾气、烟气或人的呼吸之气，并没有多么玄妙。但是，由于气弥漫在空中，形状多变，并且能向上屈伸、流动的特性，中国的先民们开始认为它是一个能够与上天或神灵联系的通道。日本学者前川捷三先生在对甲骨文、金文中气的数据研究时指出，当时中国人所理解的“气”的含义与农业社会人们对风和土地的信仰相关，在甲骨文中见到的风和土地的精灵就是气的原型[①]。因此，“气”带有某种神圣性，人们可以借助“气”通过特定的仪式与神灵发生联系，我们今天祭拜先人用到的香、蜡烛，就是相信通过火燃烧而产生的烟气可以与已经故去的祖先发生感应。这种“泛灵论”意义上的理解，使得“气”不再只是一种物质性的存在物，它带有某种精神属性，这也为后来儒家和道家将其发展成为一个具有精神修炼意义的概念提供可能。

在儒家的思想系统中，孔子最早将气与人的道德性联系起来讨论。在《论语·季氏》篇中，他讲道：“君子有三戒，少之时，血气未定，戒之在色；及其壮也，血气方刚，戒之在斗；及其老也，血气既衰，戒之在得。”但我们看到，这里的“血气”只是一种中性的作为人身体构成的“精气”，它并没有道德上的意义，更多是一种质料性意义的构成。孔子并没有明确指出，人在不同生命阶段所面对的“色”“斗”“得”等各种修身问题，是由血气的“未定”“方刚”“既衰”引起的。因此，“戒”的对象并不直接是对治“血气”，这与后来宋明儒学讲对治负面之气不一样，而且这个时候孔子的气还没有明确和心联系在一起讲。

① 参见小野泽精一等编：《气的思想——中国自然观与人的观念的发展》第一章《甲骨文、金文中所见的气》，上海人民出版社2007年版。

孔子之后，儒家对气的论说有重要推进的是孟子，特别是他的“养浩然之气”之说。程颐多次对孟子这一贡献高度肯定：“孟子有功于圣门不可言。如仲尼只说一个仁义，‘立人之道曰仁与义。’孟子开口便说仁义；仲尼只说一个志，孟子便说许多养气出来；只此二字，其功甚多。”[①]他又讲：“孟子性善养气之论，皆前圣所未发。”[②]为什么说孟子讲“养气”是发前圣所未发？“养”字如果从我们日常生活的角度讲，它更多指的是生理层面的“豢养”，它是一个形而下的术语。但是，孟子创造性将它转换为道德修炼的工夫术语来使用，既然“气”可养，那么所养的“气”也就已经不再是孔子所讲的中性或作为质料构成的“血气”，更不是负面之气，而是兼具有某种正向价值的精神之气。因此，无论“养”还是“气”，从孟子这里就已经将“形下—形上”所可能造成的隔阂打通。这种“形下—形上”的贯通或一体对理解江门学派的气学工夫论非常关键。

孟子关于气的工夫论说可以概括为“治气养心”四个字，具体来说有三个层面的内容：（1）养气的工夫（例如养浩然之气与平旦之气、养勇的问题），这是对流贯心灵与身体之气的导引和转化；（2）践形的工夫，这是对身体

---

① 程颢、程颐：《二程集》，中华书局2011年版，第221页。

② 引自《孟子序说》，《四书章句集注》，《朱子全书》第六册，第244页。

（形躯）的锻炼，使身体生发出德性光辉，而与心灵协调一致；（3）尽心存心的工夫，这是对道德心的涵养，确立本心在德性生命成长中的主宰位置。这三者的关系密不可分，缺一不可，言其一则涵括其三。然而从地位来讲，对本心的涵养显然更为重要，因为在孟子的系统中，养气与践形的工夫最终必须统归到本心之中。因此，孟子打通了“治气”与“养心”工夫，实际上就将气从一个外在的客观世界的“他物”内转为人修炼道德生命的重要方法，后世儒者关于气的工夫论说没有超出孟子定下之弘规。

不过，孔孟更多是从修身的视角对气的功能进行界说，而没有着重阐发气在宇宙造化及其工夫本体的含义。这是宋儒的贡献。周敦颐的《太极图说》是宋儒最早检讨这一问题的作品：“二气交感，化生万物。万物生生，而变化无穷焉。惟人也，得其秀而最灵。”[①]从阴阳二气交感到化生万物，周濂溪虽言辞简约，但所讲皆是大问题，如“交感”“生生”“变化”等概念都是后来儒者讨论的话头。在濂溪这里，人是得气之秀而灵的，所以，这一气是一种形而上的气。江门学派气论中的基本概念，特别是涉及本体的部分，基本上循着濂溪的思路进行发挥。其窗前草不除以观天地生物气象，也被湛若水、蒋道林等继承而

① 周敦颐著，陈克明点校：《周敦颐集》，中华书局1990年版，第5—6页。

发展观气、养气的修身工夫。

宋初除周濂溪外，张载对气的论说也有大创见。他的《西铭》所讲“民胞物与”的思想主张与濂溪窗前草不除一脉相承，自不待详讲。而在宇宙造化论中，他主张太虚即气、虚空即气的观点，“太虚无形，气之本体，其聚其散，变化之客形尔”[①]，又讲“太虚不能无气，气不能不聚而为万物，万物不能不散而为太虚”。[②]宇宙最初只有气弥漫其间，没有任何形体，而通过聚、散这两种运动方式形成万物。这里，张载比周敦颐有所推进，他通过聚散屈伸将宇宙造化的具体过程讲清楚了。当然，这种聚散屈伸并不是今天科学意义上的物理运动，它带有一种精神属性，特别是当“通道”（湛若水将这种“通道”称为“窍”）打开以后，气之流通与心之感通能相互交感，而成为成圣成贤的超越根据。另外，濂溪只是讲人会“独得其秀而最灵”，但人之灵秀它背后的根据是什么；而人既然独得其秀而最灵，又何以会出现“恶”的问题，其背后机制，濂溪并没有解释清楚。为了解决这一问题，张载在人性论上引进“天地之性”与“气质之性”的区分，其中“天地之性”是纯善，而“气质之性”则是人欲产生或恶产生的原

---

① 张载著，章锡琛点校：《张载集》，中华书局1978年版，第7页。

② 张载著，章锡琛点校：《张载集》，中华书局1978年版，第8页。

因。这一区分落实到“心”上，则是“道心”与“人心”对立。张载这种二分法的框架对整个宋明理学产生重要的影响。江门学派对此问题的讨论也是在张载的方向上进行修订与转化，湛若水对横渠这一二分法颇多微词，下文我们再详细展开。

程颢、程颐两兄弟对这一问题的推进主要是对“仁体”的阐发上。二程认为，人与天地万物本初的联系或存在状态可以概括为“一体”或“同体”，程颢有一段著名的论说：“医书言手足痿痹为不仁，此言最善名状。仁者，以天地万物为一体，莫非己也。认得为己，何所不至？若不有诸己，自不与己相干。如手足不仁，气已不贯，皆不属己。故‘博施济众’，乃圣之功用。”[①]程颐也讲：“人者，位乎天地之间，立乎万物之上；天地与吾同体，万物与吾同气。”[②]“仁者天地万物一体”，后来陈献章以“鸢飞鱼跃”、自然自得自乐思想对此进行发挥，而它又是湛若水、王阳明所共同盟守的学问宗旨，后来甘泉更是将其转手为“性者天地万物一体”而成为其思想体系的基石。另外，程颢对孟子的“知言养气”说多有发挥，他提出“学在知其所有，又在养其所有”（《宋元学

① 程颢、程颐：《河南程氏遗书》卷二上，《二程集》，第15页。

② 程颢、程颐：《礼序》，《二程集》，第668页。

案·明道学案》）的观点，并进一步将“养所有”解释为“涵养所知之理”。江门学派对此多有发挥。事实上，人们常常误解白沙所谓“六经皆糟粕”的讲法，“糟粕”实则应理解为“吾心注脚”，而不是要舍弃经典。湛若水对此就讲得非常清楚，知识的学习、师友的辅助以及礼乐制度在养气工夫中很重要，只不过它们必须紧扣在学者的本心上才能发挥效用。

到了朱熹这里，他对气也多有发挥，如他在《仁说》中“以灵气释心”，明确讲“天地以生物为心”，这个天地生物之心是“天地之仁”，“仁”即是一个生意，朱熹的弟子便曾明确指出这一点：“窃谓天地无心，仁便是天地之心。”当然这个“心”是“天地以此心普及万物，人得之遂为人之心，物得之遂为物之心，草木禽兽接着遂为草木禽兽之心，只是一个天地之心尔”[①]。但他最重要的观点则是关于理气的关系问题，即所谓理先气后。朱熹在评介张载“太虚即气”思想时，将“即”释为逻辑上的先后，“问：‘横渠云太虚即气，太虚何所指？’曰：‘他亦指理，但说得不分晓。’”[②]将太虚解释为理，它是生物之本，形而上之道，而气只是生物之具，形而下之器。理气的关系朱熹有一个“人骑马”的有趣讲法，这种理气

---

① 朱熹：《朱子语类》卷一，见朱杰人、严佐之、刘永翔主编《朱子全书》第十四册，第117页。

② 《朱子语类》卷九，第2534页。

二分的观点，让朱子的理很容易被理解为一个死理，后来牟宗三先生称其是“只存有不活动”，便是极大误解。当然，这种误解并非肇始于牟氏，湛若水便对此有过专门批评，而针锋相对提出“活理”说。

第二节　一元生气

在江门学派的义理体系中，“气”究竟是一种什么样性质的东西呢？江门自白沙始，它的气论虽历多子而有所变化，但是“一元生气”是其学派的基本共识。一元生气从造化与本体的根源讲，是一气的流通；而正因为有一气的流通，才有天地万物的生生不息。

一、宇宙一气

理与气的关系问题是所有宋明理学家都绕不开的问题，朱熹“理先气后”的思想主张，以及理属形而上、气属形而下的基本观点对整个宋明理学产生了重要影响。然而，在理气先后及气的形上、形下归属问题上，江门学派与朱子学派的看法颇为不同。

在江门学派中，陈白沙首提“元气”这一概念，他在论说时讲："元气塞天地，万古常周流"[①]；进一步的，他在《云潭记》中讲："天地间一气而已，屈信相感，其变无穷，人自少而壮，自壮而老，其欢悲、得丧、出处、语默之变，亦若是而已，孰能久而不变哉？"[②]又有，"元气之在天地，犹其在人之身，盛则耳目聪明，四体常春。其在天地，则庶物咸亨，太和絪缊"[③]。白沙虽然没有更多详细地展开，但讲了几个重要问题：（1）元气的流动是在"天地""万古"所交织的时空中；（2）"天地间一气而已"，一气是其常，而气又始终在屈伸感应变化中，与此相应的，人一生的存在状态焉能不变，不论年龄的变化、情绪的悲欢、事业的起伏等，因此要以一种常心去对待；（3）元气贯通天地与人物，而元气之"盛"是人耳聪目明，四体长春的原因，这里也可以看到在江门学派中静养端倪、养气的工夫实际上是有身体治疗效用的。

李承箕对气也有相应的论说，他对宇宙造化这样讲道："太虚之惟一兮，旷乎其混茫；其来无体兮，其去无方；故无始于存兮，亦何终于亡。风雷以变动兮，日月以为明；鬼神以屈伸兮，寒暑以更相。万物回薄兮，曰惟其常。所谓伊人兮，空怅望而难见。释宇宙同大通兮，亦何

① 陈献章著，孙通海点校：《陈献章集》上册，中华书局1987年版，第305页。

② 陈献章著，孙通海点校：《陈献章集》上册，第41页。

③ 陈献章著，孙通海点校：《陈献章集》上册，第107页。

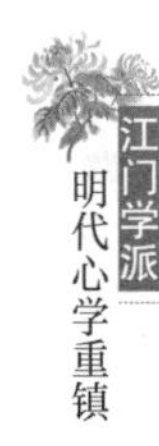

有于关键。”很明显，他在这里转借了张载“太虚即气”的思想，他自认为对横渠是有所得的，更有诗评议曰：“一清虚外都无事，认得横渠教外心。”天地宇宙之变化万千皆在于一气之“大通”，但唯有人在这一造化之变中能有所不同，他认为“古之人与天地寒暑相为无穷，而不囿于一气之内”[①]，人既与天地寒暑相通而为无穷，但并不囿于“气”，因人有心可以向上超越。“囿”字表明李承箕这里的“气”明显受横渠影响，虽然有形上之义，但更偏兼形下。

湛若水虽然晚于承箕游江门，但对“宇宙一气”观念的思考与建构在白沙弟子中是最为全面的，也是最能彰显白沙学之精神义蕴。“宇宙一气”这一观念在甘泉有编年可寻的文献中，最早可追溯到他34岁时所作的《万竹轩记》，该文明确讲“天地人物之气，一也”[②]的讲法。湛若水有另一则材料对“宇宙一气”这一观念讲得更为清晰：

宇宙间一气而已。自其一阴一阳之中者谓之道，自其成形之大者谓之天地，自其主宰者谓之帝，自其

① 李承箕：《泉石记》，《大厓李先生诗文集》卷十五，明正德五年吴廷举刻本，见《四库全书存目丛书》集部第四十三册，第577页。

② 湛若水撰，黄明同主编，汪廷奎、刘路生整理：《万竹轩记》，《湛若水全集》第十七册，上海古籍出版社2020年版，第467页。

功用者谓之鬼神，自其妙用者谓之神，自其生生者谓之易，自其生物而中者谓之性，自其精而神、虚灵知觉者谓之心，自其性之动应者谓之情，自其至公至正者谓之理，自其理出于天之本然者谓之天理，其实一也。①

在这里湛若水用“气”这一概念统摄理学中其他重要概念——道、天地、帝、鬼神、神、易、性、心、情、理、天理等，认为后面所讲的那些概念是就气的不同面向进行言说的。那么，这一种统摄大抵上是从所谓的宇宙论或天道论的角度进行论说。从这里看，在甘泉的思想中，气无疑在本体论上获得一种更为重要的位置，甚至（天）理的概念亦是从气的角度而获得一种规定。这里，甘泉以气涵摄道、天地、（上）帝诸概念，这使气之含义拥有一客观天道的超越面，同时又以气涵摄性、心、情诸概念，这不仅使气这一概念兼有主观的精神面，又使性、心、情这些看似描述主体的概念通过气而与道、天地等概念联系起来，而使它们也获得一种客观的超越面。这就使得客观的天道与主观的心性通过（生）气在人这里得到贯通，打开了人们回复以一天道作为支撑的天地之性的通道。这

① 湛若水撰，黄明同主编，宁新昌整理：《新论》，《湛若水全集》第十二册，上海古籍出版社2020年版，第49页。

样，人的良知（湛若水称之为良心或初心）便不至于囿于一体之形私，而出现师心自用的状况。另外，值得我们注意的是，除了从气的角度统摄其系统中的其他概念外，甘泉也曾经从理的角度对各种概念进行统摄："夫理一而已矣。自其太虚无形者谓之天，自其赋予万物者谓之命，自其合虚与气者谓之心，自其具于心者谓之性，自其性之未发而不偏者谓之中。"[①]这两种论说看起来互相矛盾，但细读之下，湛若水是从不同的面向进行立言，不可不察。

湛若水以气统摄诸概念，乃从所谓宇宙论或天道论角度进行，而以理统摄诸概念则是从工夫论上论说。甘泉所有关于工夫的论说，其头脑最终都落在天理二字上面，其关于气的工夫论说亦逃不开此。这里的天并不是一个形体意义上的苍莽之天，而是作为意义与价值世界的创造源头，从"天"的面向讲喘息呼吸、性情形体、好恶用舍、食息起居等范畴，并不只强调它们的自然、天然一面，更是把这些在价值上看似形而下的范畴挺立出其形而上的一面，转化朱子的用法，甘泉这里无非是强调"人人有一天，物物有一天"的观点。这就为学者在日用常行间进行身心修炼，转化自家气质，成就德性生命提供一种可能。

---

① 湛若水撰，黄明同主编，郭海鹰整理《中者天下之大本论会试卷》，《湛若水全集》第二十一册，上海古籍出版社2020年版，第31页。

所以，他在评明道“常人食饭在脊梁上过，某食饭在肚里过”这一话头时强调在肚里过也是执事敬的工夫[①]，何其平实！

江门学派殿军刘宗周对江门学派“宇宙一气”亦多有发挥，他讲论道：“天地之间，一气而已，非有理而后有气，乃气立而理因之寓也。就形下之中而指其形而上者，不得不推高一层以立至尊之位，故谓之太极；而实无太极之可言，所谓‘无极而太极’也。使实有太极之理，为此气从出之母，则亦一物而已，又何以生生不息，妙万物而无穷乎？”[②]这是蕺山在论说濂溪的“无极而太极”，他认为从天地造化之始初看，“太极”只是一物而已，而即使是无极（无极是天理），也是在“气”作为寓所才得以呈现其形的。蕺山还有一语，可与白沙相呼应，“元气之周流，上天下地，往古来今，尽在此间”[③]。为什么以“元”字来指谓“一气”呢？我们且看《说文》里面的解释：“元，始也。”在江门学派这里，“元”有两个层面的含义。第一层含义应理解为开始、起端，也就是天地万物是

---

① 湛若水撰，黄明同主编，刘兴邦整理：《知新后语》，《湛若水全集》第十二册，上海古籍出版社2020年版，第116页。

② 刘宗周：《圣学宗要·濂溪周子》，《刘宗周全集》第二册，浙江古籍出版社2007年版，第230—231页。

③ 吴光主编：《刘宗周全集》经术二《论语学案·公治长第五》，浙江古籍出版社2007年版，第335页。

从“气”这里生成的，刘蕺山就讲：“盈天地间一气也。气即理也。天得之，以为天；地得之，以为地；人物得之，以为人物，一也。”[①]第二层含义是根本、根源，也就是“气”不仅只作为一种质料性的物质构成，同时它还是价值世界朗现背后的超越根据。所谓“周流”，它是指气没有一刻是不运动的。现代物理学的知识告诉我们，物的运动必须在某一具体时空中进行。关于“气”与时空的关系，刘宗周用“此间”来对一气流动的具体时空形式进行界定。“此”字从哲学的层面上讲具有本源性，它指“在这里”，是指“气”的存在方式，也就是“气”运动的时空当下性；而“间”字则更多是从空间的维度来讲，它强调气的流动完全弥漫、嵌入其中，因此，它与万物的关系完全是内在的，而不是外在的，它们并不是两个完全独立的外在物。同时，“此间”的当下性并不是一个封闭的时空，而是一个连接历史与未来的“当下”，所谓“上天下地，往古来今，尽在此间”，这个“尽”字很吃紧。就此湛若水也有相应的论述，所谓：“上下四方之宇，古今往来之宙，宇宙间只是一气充塞流行，与道为体，何莫非有？何空之云？虽天地弊坏，人物消尽，而此气此道亦未尝亡，则未尝空也。道也者，先天地而无始，后天地而无终者也。夫子川上之叹，子思鸢鱼之说，颜子卓尔之见，

---

① 吴光主编：《刘宗周全集》语类十二《学言》，浙江古籍出版社2007年版，第408页。

正见此尔。”[①]“气一道”在有形天地之始与终，它都是“有”而非“无”，这是甘泉在与阳明辩论儒家天道观与释老根本区别时强调的，儒家所见到的是“夫子川上之叹，子思鸢鱼之说，颜子卓尔之见”，那活泼泼道体的流行雀跃。

二、气即种：虚者之生本

一气的流动是活泼泼的“生气”。“生”的问题是宋明儒都非常关注的问题，程颢在对《易传》中“天地之大德曰生”“生生之谓易”的解释时，这样说道：“万物之生意最可观，此元者善之长也，斯所谓仁也。”[②]在宋明儒学的语域中，有不少重要的隐喻，种子的隐喻便是其一。理学家通常运用种子的比喻来形象说明人心体的那种勃发向上的生命力量，如大程子讲“心譬如谷种，生之性便是仁也”，阳明亦将良知比作天植灵根，皆是要表现心体的创生一面。江门学派也有这样的譬喻，如“人之本心譬诸草木然，其生生不已者乎”[③]“耕者之有种，良知也，种而

---

① 湛若水撰，黄明同主编，刘兴邦整理：《寄阳明》，《湛若水全集》第二十一册，上海古籍出版社2020年版，第217页。

② 程颢、程颐：《河南程氏遗书》卷十一，《二程集》，1981年，第120页。

③ 湛若水撰，黄明同主编，郭海鹰整理：《雍语》，《湛若水全集》第十二册，上海古籍出版社2020年版，第78页。

种之，又时其种而种之”[①]。除了借用植物性的隐喻来指谓心体生生不容已的特点以外，湛若水更独创“气种”概念，以此突出心体的这种生生不息（创造力）来源于天地生生之气（天地造化之生意）：

> 空室空木之中，有物生焉。虚则气聚，气聚则物生。故不待种也，气即种也。得之气化而生也，故虚者，生之本。[②]

这里气被描述为天地造化的种子，也就是说有了这一气，天地万物的生命才得以诞生、成长与蜕变——植物之谷种春能发，能苗而秀，秀而实[③]；鸲鹆、鹦鹉之能言，蜩蝉、蜉蝣之能蜕[④]；及至人之变化气质，希贤希圣[⑤]。而天地这种造化创生的状态则被描述成为“虚”。白沙讲“虚

① 唐枢：《一庵语录》，《木钟台集》卷四，明嘉靖万历刻本，见《四库全书存目丛书》子部第一六二册，第535页。

② 湛若水撰，黄明同主编，宁新昌整理：《新论》，《湛若水全集》第十二册，上海古籍出版社2020年版，第45页。

③ 湛若水撰，黄明同主编，宁新昌整理：《衡岳书堂讲章》，《湛若水全集》第十二册，上海古籍出版社2020年版。

④ 湛若水撰，黄明同主编，宁新昌整理：《新论》，《湛若水全集》第十二册，上海古籍出版社2020年版，第42页。

⑤ 湛若水撰，黄明同主编，郭海鹰整理《樵语》，《湛若水全集》第十二册，上海古籍出版社2020年版，第10页。

其本也”[1]，又有诗曰：“自得不须言有命，太虚元只是无心。”[2]白沙虽然讲“太虚元只是无心”，但江门学派所讲的“虚”并不是完全虚无的状态；如果是这样，那么就会堕入释氏抛却尘根、认理为障的境地。这是江门学派旗帜鲜明反对的。儒家所洞见到的世界并不是一幅灰蒙蒙的、了无生趣的景象，而是一幅生机盎然、五彩纷呈、活泼泼的景象。正是在一气之于穆不已、生生不息的意义上，白沙才有诗赋如下：“虚无里面昭昭应，影响前头步步迷。说到鸢飞鱼跃处，绝无人力有天机。”[3]所谓“虚无”的状态，实际上是“道无凝滞”，也就是道体大化流行，活泼泼的。所以，湛若水从张载那里转手来“虚者生之本”这一观念，他曾经讲：“虚之一字，先儒鲜有道及者，后之学者无识见，便以为佛老之学，怕向此中寻求。惟有张子‘虚者仁之原’何等识见！”[4]

另外，天地之虚又是人心之虚的根源，这也是江门学派的共识。张诩对程颐“心兮本虚，应物无迹”有所发挥，他说：“先哲云‘心兮本虚’，盖虚则通，不虚则塞

---

① 陈献章：《复张东白内翰》，《陈献章集》上册，第131页。

② 陈献章：《次韵吴县博见寄》，《陈献章集》下册，第490—491页。

③ 陈献章：《赠周成》，《陈献章集》下册，第566页。

④ 湛若水撰，黄明同主编，刘兴邦整理：《答王宜学》，《湛若水全集》第二十一册，上海古籍出版社2020年版，第250页。

矣。然则体道者，舍虚奚以？又曰：‘虚以受人’，盖虚则无物而有容纳之地，否则反之矣。”[①]虚是通、是生的原因，塞则死，湛若水也是这样认为，他说：“人心之虚也，生意存焉。生，仁也。生生，天地之仁也，塞则死矣。圣人之心，太虚乎？故能生万化，位天地，育万物，中和之极也。必有主，而后能虚。”[②]刘宗周晚年与人论学也有类似的讲法：“如心之体本虚，惟虚故灵。”[③]心体之虚是保持其知觉灵明的根本原因，而心体之虚其实是没有人欲侵扰的状态，也即白沙前言“无凝滞”，蕺山在与学生问答时如此讲：

> 先生曰：“浮云不碍太虚，圣人之心亦然，直是空洞无一物。今且问如何是太虚之体？”或曰：“一念不起时。”曰：“心无时而不起，试看天行健，何尝一息之停？所谓不起念，只是不起妄念耳。[④]

① 张诩著，黄娇凤、黎业明编校：《虚所说》，《张诩集》，上海古籍出版社2015年版，第206页。

② 湛若水撰，黄明同主编，宁新昌整理：《新论》，《湛若水全集》第十二册，上海古籍出版社2020年版，第46页。

③ 刘宗周：《易箦语》，《刘宗周全集》第二册，第541页。

④ 刘宗周：《证人会约·会录》，《刘宗周全集》第二册，第511页。

人心之虚就是无一物，也就是不起妄念（即人欲）。甘泉也有类似的观点，他在晚年常常以要在天地万物上起念，不在一家躯壳上起念来指点学生。湛若水的弟子王庆隆母亲去世，庆隆悲伤不能自抑，甘泉便以此指点他当于哀中做工夫："戊子岁，隆奉母夫人丧归，舟过南京上新河，风雪中，蒙师枉吊。坐顷，隆问，'寻常外事，此心殊觉容易放下，独于此生一念不能释然，往往觉得贪生恶死意思在，何也？'师曰：'此只就自家躯壳上起念故尔，若就天地万物上起念，则知天地之化，自生自死，自起自灭，于我了无干涉，何忧何虑而贪生恶死？此等去处看破，则忧虑自然无矣。'"①

与天地相仿，心体虽虚却不空荡，而是虚中有实，这里的实是就心体的主宰意义上讲。这个主宰既是应事接物时本心能够自我做主（即天理常在、不为物所役），又是本心参与、加入到天地造化之中，使天地万物的价值与意义得以呈现，这也就是所谓的心能生万化、位天地、育万物之意。在这种意义上，心性本体如果被私意人欲所侵袭的话，那么它便会处于一种"塞"的状态，塞则不通，不通则死，此时心体便不复有生意而丧失其主宰与应物的能力，更谈不上参赞天地化育。这里便牵引进另一个重要

① 湛若水撰，黄明同主编，宁新昌整理：《金台问答》，《湛若水全集》第十二册，上海古籍出版社2020年版，第224页。

概念——通，通这个概念其实是气之虚（生生）的延伸，甘泉曾讲说："人心可以一时不通乎？通原于虚，虚原于一。"[①]这是说人心无时无刻不处于通的状态，而这种"通"的状态必须以人心之虚作为先决条件，而人心之虚则要以天地万物一体之性作为保证，这里便可见得它们之间的关系。

① 湛若水撰，黄明同主编，刘兴邦整理：《问疑录》，《湛若水全集》第十三册，上海古籍出版社2020年版，第260页。

第三节 一气之流通与一心之感通

"通"这一概念既有流动不已、畅通无阻之意，《易·系辞》所谓"往来不穷谓之通"是矣；又可引申为通道之意，指达到某物（处）的路径。陈献章主张"道通于物"[①]，张诩则有"虚则通，不虚则塞"[②]，李承箕也有"吾心之理，与气相为流通，无一息之间"[③]。而刘宗周则将作为人喜怒哀乐的天情作为人根本的存在状态，并以"一气之通复"为解释，蕺山讲道："独中具有喜怒哀乐四者，即仁义礼智之别名。在天为春夏秋冬，在人为喜

---

① 陈献章：《论前辈言铢视轩冕尘视金玉（下）》，《陈献章集》上册，第56页。

② 张诩著，黄娇凤、黎业明编校：《虚所说》，《张诩集》，上海古籍出版社2015年版，第206页。

③ 李承箕：《徐伯恒字说》，《大厓李先生诗文集》卷十二，第568页下。

怒哀乐，分明一气之通复，无少差别。天无无春夏秋冬之时，故人无无喜怒哀乐之时，而终不得以'寂然不动'者为未发，以'感而遂通'者为已发，可知也。"[①]而这种"通"的状态实际上就是独体，蒋道林对这种关系有清楚的解释"独也者，感通而未形，天下是非之几也"[②]。

从这里看来，在江门学派的气论中，一方面，"通"这一概念被赋予一种本体论的位置：它既被用来表示天地万物在本体上最原初的联系——一体或同体的状态；另一方面，从工夫上来讲，这一于穆不已的生生之气又是人们在现世生活中超拔出自己的有限性而恢复天地之性的通道。

在这种意义上，"通"可以说是人们在天地之间最根本、最本真的存在状态，甚至可以说不通则不足以称人。湛若水认为人与物之间那一点几希之别就在于它们能否"通于理"[③]，又讲"无思无不通也"[④]，这体现出甘泉重"知"的一面。严格讲，当我们在谈"通于理"的时候，这个"通"已经不是人的一种存在状态，它已经是

① 刘宗周：《问答》，《刘宗周全集》第二册，第258—259页。

② 蒋信著，刘晓林点校：《别张东山序》，《蒋道林文萃》，岳麓书社2010年版，第101页。

③ 湛若水撰，黄明同主编，刘兴邦整理：《知新后语》，《湛若水全集》第十二册，上海古籍出版社2020年版，第114页。

④ 湛若水撰，黄明同主编，郭海鹰整理：《雍语》，《湛若水全集》第十二册，上海古籍出版社2020年版，第82页。

一个发用上的概念，毋宁说它是由心性本体生发出来的一种能力——感通。当然，这两者追究起来并不抵牾：一方面，人的这种“通”的本真存在状态是人心的感通力得以可能的保证；另一方面，人与天地万物一体相通的存在状态又常常要通过心性本体在作用层面上的感通力来显现出来，我们也往往借助后者才能理解或体验到人的这种通的状态。

关于这种通的状态，在江门学派中，湛若水有很多发挥，比如他总是通过人的呼吸这种具体的生存体验来进行指点，我们先看以下这则材料：

> 一呼一吸，生生之理。生理根于中，呼吸感应乎内外。皆天之气，下根乎上，上根乎下，下根上根，万物一体。消息升降盈虚之间，有不得已焉。彼隔以皮肤，昧者不察，因以起私尔矣。[①]

在湛若水看来，天地之气并不是玄远不可及之物，而是遍润在我们的生存活动之中，细细感受便能有所体会。人的呼吸之气，这种稀松平常的现象就是天地之气。在人的一呼一吸中，可见得天地造化翕辟的节奏，“气在天

① 湛若水撰，黄明同主编，郭海鹰整理：《樵语》，《湛若水全集》第十二册，上海古籍出版社2020年版，第16页。

地，吸之即翕，天地之气通我也；呼之即辟，我之气通天地也”[①]，在这个意义上，我们在一呼一吸的这种生命的跃动之中即可体验到人与天地万物一体不容已的“通”的状态。所以讲“不容已”或“不得已”乃是要说明这种一体相关（即通）就是在天地造化之一翕一辟中，即在所谓消息升降盈虚之间自然就是要如此，并非人力所能安排的。

在这种意义上，甚至可以讲天地万物亦是我们生命所不可分割的一部分，而要体会到这一点则往往需要突破形躯所带来的限制（皮肤之隔），不然就会处于一种昧者不察的情状。这种状态甘泉亦称为“痿痹不仁”，所谓“今夫存乎人之身者，四肢与心均一体也，岂以心为近乎？四肢为大乎？故心痛，则四肢皆病矣；四肢痛，则心亦病矣。无尺寸之肤不知，无尺寸之肤不爱也。无尺寸之肤不爱，则亦无尺寸之肤不养也。故手足痿痹皆谓之不仁”[②]。在这种意义上，我们不能将宇宙与人的本心拆析为两部分。

湛若水所谓“痿痹不仁”的讲法延续明道而来。关于这一点，甘泉还有一个说法非常生动：“宇宙内只是同一

① 湛若水撰，黄明同主编，宁新昌整理：《新论》，《湛若水全集》第十二册，上海古籍出版社2020年版，第46页。

② 湛若水撰，黄明同主编，郭海鹰整理：《樵语》，《湛若水全集》第十二册，上海古籍出版社2020年版，第18页。

气、同一理，如人一身，呼吸相通、痛痒相关，刺一处则遍身皆不安。又如一池水，池中之鱼皆同在此水，击一方则各方之水皆动，群鱼皆惊跃。”[①]刺人身之一处，则全身皆有痛感，皆是不安，这就是人与天地万物一体相通的状态！此外，甘泉亦将心之“感通”力称为一种“觉”的状态，故他说：“常觉便知痛痒，岂可一息不觉？第要知所觉何事，乃精切耳。应物时被引，则恐不应时亦未停当。惟知止乃能有定，有定则动静皆定矣。”[②]

无论“痿痹”也好，“痛痒”也罢，这些词汇都是一些生理层面身体感受性的词汇。使用这些日常生活中容易体验到的生理现象，除了让我们更加容易体验到那种本体论上通的抽象状态外，同时也可以让我们感受到这种一体相通的状态并不仅是心体与它们相感通，而是需要身体的参与。当然，身体在其中的作用可能是正面的，也可能是负面的（就如前面所讲的“隔以皮肤”），所以在工夫上就需要对身体或形躯进行导引，转化其负面的一面。在这种意义上，我们可以说，心体的感通力实际上就是身体这种知痛知痒的生理感受，如果人丧失掉这种知痛知痒的能力，则变得痿痹不仁，那么心体也将成为一死物而丧失感

① 湛若水：《洪子问疑录》，《泉翁大全集》卷七十八，嘉靖十九年刻，万历二十一年修补本。

② 湛若水撰，黄明同主编，黄明同整理：《新泉问辨续录》，《湛若水全集》第十三册，上海古籍出版社2020年版，第166页。

通力，所以“才知痛痒，便有生意，便是仁，故哀莫大乎不知痛痒，大不幸不闻过”[①]。

前面讲“思则通”，湛若水将作为运思官能之义的“思”上提至这么高的位置，这可能和他历来对知识作用的重视有关，因为一般来讲知识的产生和运用与思这种能力是密切相关的。除了对知识的重视之外，甘泉通过思这种能力来言说“通”这种存有状态更要强调的是，人正是通过心体之思的这种能力使其在天地万物一体相通的状态中处于一种主宰的位置，我们且看下面两则材料：

（1）神也者，心之所为也，故心之神也。交，通也，通天而天，通地而地，通万物而万物，通尧、舜、禹、汤、文、武、周、孔，而尧、舜、禹、汤、文、武、周、孔。感而通之，一气也。气也者，通宇宙而一者也，是故一体也。一体故氤氲相通，痛痒相关，不交而交矣。……故知神之所为者，可以尽心矣；知心之所为者，可以知性矣；知心神之所为者，可以语道矣；尽心知性而存养之，可与语学矣，尽之矣。[②]

---

① 湛若水撰，黄明同主编，黄明同整理：《新泉问辨续录》，《湛若水全集》第十三册，上海古籍出版社2020年版，第174页。

② 湛若水撰，黄明同主编，汪廷奎、刘路生整理：《神交亭记》，《湛若水全集》第十七册，上海古籍出版社2020年版，第548页。

（2）心有所往，情随景迁，天理亡矣。性不迁故无不通，通天而天，通地而地，通万物而万物，通神明而神明，通四海而四海……思曰睿，睿其通也……思罗浮即罗浮矣，思西樵即西樵矣，思予即见予矣，思真予即见真予矣。惟中思也，故能无迁而无不通。[①]

在这两则材料中甘泉已经有工夫论方面的考虑（如其讲尽心知性而存养），虽言简而意赅，我们可以很清晰地看到，至少在这两则文字中，思与通这两个概念是可以互用的。这里笔者关心的是，当甘泉讲通（思）天而天、通（思）地而地、通（思）万物而万物、通（思）神明而神明、通（思）四海而四海的时候，这些讲法所要表达的意涵究竟是什么？这些讲法是甘泉对《论语·子罕》篇中孔子所讲的“未之思也，夫何远之有”的发挥。

这里我们要注意“中思”这一概念，它的意涵是“中位之思”，是思不出其位的本体状态。“中思”即通神之思也。毫无疑问，这种思并不是像笛卡尔坐在壁炉前那种天马行空的运思，虽然那种思也能够突破现实条件的限制而畅想浩瀚的星空与深邃的宇宙，但是这种畅想基本上是无关“痛痒”的。所谓通天地万物而天地万物，首先

① 湛若水撰，黄明同主编，汪廷奎、刘路生整理：《赠洪方二子归福山序》，《湛若水全集》第十六册，上海古籍出版社2020年版，第415页。

是要强调心体的主宰作用，也就是心始终保持一种中正的位置，没有丝毫所往。这也是所谓“中思”的状态，唯其中思，故能无迁而无不通。这种主宰作用，其实与“天地无心，人即其心”的观念相一致，后来也是甘泉所格外强调的：“《记》曰：‘人者，天地之心。’最是精微。若看得破，则人与天地只是隔一形骸皮肤耳，其气未尝不贯通。人之心即天地之心，人之性情即天地之性情；性情正而和，而万化生焉，故曰‘天地之用，皆我之用。’是天地万化在我矣。孟子说‘乐莫大焉’，大不足以言之也，特就人言耳矣。”①

这种主宰无非是强调人对天地造化过程的参与，即所谓“生万化，位天地，育万物”，而天地万物的意义和价值也在人这里得到呈现。此外，通（思）天地万物而天地万物中间还涉及一个行动的问题。在儒家的义理系统中，天地万物之间是存在一个等级链条的，也就是它们在天地间的位阶是不一样的。在这个意义上，在讲通（思）天地万物而天地万物的时候，就内在地包含了恰如其分地对待处于不同位置的事物的问题，而这就是一个行动的问题。

---

① 湛若水撰，黄明同主编，黄明同整理：《新泉问辨续录》，《湛若水全集》第十三册，上海古籍出版社2020年版，第155页。

第四节 气一分殊

朱熹“理先气后”的理气观在解释天地宇宙万物“一与多”的关系问题时，内在预设着“理一分殊”的架构。理一分殊原是程颐在对张载《西铭》所谓“天地之塞，吾其体；天地之帅，吾其性”进行解释的概括性术语，而后经朱熹发明以后，转借其用法而光大，后来的朱子学派儒者认为理一分殊宗旨是“扩前圣未发，与孟子性善、养气之论同功”，其言不可谓不高！清人陆世仪更有将其称为“千圣千贤传心要诀”：“‘理一分殊’四字，古圣贤教人只在此处说来说去，但未曾明明指出，学者终无把握。自张子《西铭》发其意，程子遂提出此四字示人，真是千圣千贤传心要诀。凡看道理到疑难隔碍处，只提起此四字，便如利刃在胸，迎风辄解，直是受用不尽。”[1]朱子一脉用“理一分殊”解释天地万物及人间道德秩序的背后根

① 陆世仪：《思辨录辑要》卷二十八，江苏巡抚采进本。

据，具有重要意义。但是，江门诸子以“宇宙一气”作为逻辑起点，在解释“一与多”关系问题上，他们有不用的思路，提出了“气一分殊”：

宇宙间其一气乎！气一则理一矣。如池浑浑，群鱼生焉，是谓同体。溢则同生，涸则同死，一体之谓也。其形体、呼吸、性情潜跃之异者，分之殊尔。见之者谓之知道。[①]

湛若水在这一则文献中引入了一个新的概念——“分殊”，他用池水与群鱼之间的关系来比喻一气与气之分殊的关系，这是甘泉在阐述其气论时常用到的一个比喻。池水与群鱼之间的这种一体关系在甘泉看来是“溢则同生，涸则同死”，“同生”和“同死”这两个词汇表明甘泉所讲的这种一体或同体的关系并不只是两种不同事物表面的关联，它们已经渗透到彼此的生命之间，成为对方生命不可或缺的一部分，甚至我们可以说它们是一个“生命共同体”。这是气一的表现，至于分殊，所讲的是在这一体或同体关系之下所呈现出的形体、呼吸、性情潜跃的各种差异。如果对照朱熹“理一分殊”的讲法，我们甚至可以将甘泉这种主张称“气一分殊”，甘泉的弟子蒋道林就有此

① 湛若水撰，黄明同主编，宁新昌整理：《新论》，《湛若水全集》第十二册，上海古籍出版社2020年版，第49页。

明确提法。

湛若水用“气一”与“分殊”一方面是用来解决天地万物的统一性与多样性（或差异性）的问题。甘泉用“全—偏”这一对概念来解释人与动物、植物之间的差别：“五行在天，化生人物，即有五事。人得其全，故五事备；物得其偏，故五事不备。植物尤其偏者，故止有心，亦不能思。动物中有貌者、有言者、有视听者、有思者，亦不能全，亦不能通于理，气偏故也。人独得气之全，故备五事。”[①]这里值得注意的是，湛若水认为植物、动物都是有心的，只不过动植物所禀有的貌、言、视、听、思这五种功能各有所不同，如植物只有心，而动物则只是禀有五者中某些方面，而导致这种功能上差别的根本原因在于它们所禀得的五行之气的多少，从这个意义上讲，则甘泉的宇宙观有某种泛灵论的色彩。

甘泉此论与朱熹“天地之心”遥相呼应，尽管他对朱子颇不满意。关于天地有心还是无心，朱熹有一段极负盛名的讲论：

> 道夫言：“向者先生教思量天地有心无心。近思之，窃谓天地无心，仁便是天地之心。若使其有心，必有思虑，有营为。天地曷尝有思虑来。然其所

---

① 湛若水撰，黄明同主编，刘兴邦整理：《知新后语》，《湛若水全集》第十二册，上海古籍出版社2020年版，第113—114页。

以‘四时行，百物生’者，盖以其合当如此便如此，不待思维，此所以为天地之道。”曰：“如此，则《易》所谓‘复其见天地之心’‘正大而天地之情可见’，又如何？如公所说，只说得他无心处尔。若果无心，则须牛生出马，桃树上发李花，他又却自定。程子曰：‘以主宰谓之帝，以性情谓之乾。’他这名义自定，心便是他个主宰处，所以谓天地以生物为心。中间钦夫以为某不合如此说。某谓天地别无勾当，只是以生物为心。一元之气，运转流通，略无停间，只是生出许多万物而已。”问：“程子谓：‘天地无心而成化，圣人有心而无为。’”曰：“这是说天地无心处。且如‘四时行，百物生’，天地何所容心？至于圣人，则顺理而已，复何为哉！所以明道云：‘天地之常，以其心普万物而无心，圣人之常，以其情顺万事而无情。’说得最好。”问：“普万物，莫是以心周遍而无私否？”曰：“天地以此心普及万物，人得之遂为人之心，物得之遂为物之心，草木禽兽接着遂为草木禽兽之心，只是一个天地之心尔。今须要知得他有心处，又要见得他无心处，只恁定说不得。”①

---

① 朱熹：《朱子语类》卷一，见朱杰人、严佐之、刘永翔主编《朱子全书》第十四册，第117页。

“复见天地之心”当然也是江门学派一个重要的讨论话头。钱穆先生在他的《朱子新学案》中从“天地以此心普及万物，人得之遂为人之心，物得之遂为物之心，草木禽兽接着遂为草木禽兽之心，只是一个天地之心尔”论定朱熹也是讲“心学”的。但我们不能忽略朱子这里讲“一元之气，运转流通，略无停间，只是生出许多万物而已”，是从心的“主宰处”来讲的，如果心无主宰，那么自然陷入杨道夫所讲的“若使其（天）有心，必有思虑，有营为”。就此而言，“（天）所以‘四时行，百物生’者，盖以其合当如此便如此，不待思维，此所以为天地之道”，所谓的“合当如此便如此”是指“理之所当然”，而“不待思维”是指“顺理”，也就是程颢所讲的“圣人之常，以其情顺万事而无情”。“天地—圣人”的有无之间，实际上在一个“理”字，这与江门是有不同的。

而在对人与人之间性情贤愚的不同，在天华书院为学生讲《中庸》“天下至诚，为能尽其性”一章时，湛若水就用了“纯粹—驳杂”这一对概念来论说：“盖以凡人莫不有性，但或太过，或不及。或稍纯、或稍粹者为贤人，又其次者为众人，偏且戾者为草木、为禽兽、为昆虫之属，是皆不能尽其性，有由矣。惟至诚之圣人，得天地纯粹之气，性无不全，德无不实，浑然天理而无一毫人欲之

私，以故于所性之体有以尽之而无遗。”①

对动植物的论说前文已述，但在这里甘泉讲了一个观点，便是“人物皆有性”，而尽与不尽，是从人的分量与条理来看，分量的区别是“纯—杂”，而条理的区别就在于“精—粗”了。人与人之间的差异并不在于是否禀得五气之全，而在于其所禀得的这五气是否纯粹，抑或是驳杂。驳杂的表现在于人欲或私意的存在，人欲或私意越多则所禀得之气越驳杂。有这个区别是在于人之所“禀”有所不同，他说：“人之性犹我之性，曰广大、曰精微、曰高明、曰中庸者，其初未尝不同也。但为气禀所拘，始有不得其分量，不得其条理，而本体恒亏。”为什么能确保“人之性犹我之性”？就在于一气贯通流行。用“气禀”来解释一气的流行与分殊的不同与朱子学倒是相契，但他不认为这是人欲或私意产生的机制，他认为这是由人与外物接触之后产生的“动”或“感”引起的，所谓“气则形，形则物，感之而欲生焉，而天性蔽矣”②。因此他反对宋儒将性分为天地之性与气质之性两种：“分天地之性与气质之性，恐终未安。程明道曰：‘性即理也，理无不善。’最为明尽。……性只是一性，理只是一理，若其非

① 湛若水撰，黄明同主编，宁新昌整理：《天华书院讲章》，《湛若水全集》第十二册，上海古籍出版社2020年版，第310页。

② 湛若水撰，钟彩钧等整理：《新论》，《泉翁大全集》卷二，第9页。

一，则何生知、学知、困知，安行、利行、勉行，知之而成功一也？”[①]换句话讲，湛若水认为“天地之性也，非在气质之外”[②]。甘泉所讲的“气质”大致上是指气所赋予人（或物）的形体，所以“人身骨肉毛面”被称为“气之质”[③]，他的学生田叔禾对此有一个很精辟的说法：

盈天地间皆气也，即理也，孔子所谓“一阴一阳之谓道”是也。阴阳运而五行分焉，其间纯驳、清浊、厚薄之不齐，皆所以凝结乎万物者也。人之生也，得其气之中焉者，上也，得其偏胜焉者，次也，得其偏而与禽兽同之者，下也，斯三者，性之所以不齐也。是故圣人与天地合其德者，阴阳不偏之谓也。其在凡民也，刚者吾知其偏于阳也，柔者吾知其偏于阴也，而阴阳偏胜之间，又有偏于木而慈、偏于火而燥、偏于土而滞、偏于金而厉、偏于水而荡，此智愚贤不肖之所以分也。是故中也者，气之常也；偏也者，气之变也。孟子曰：“人性善也。”语其常也，

① 湛若水：《答问》，《甘泉先生续编大全》卷二十五，嘉靖三十四年刻，万历二十三年修补本。

② 湛若水撰，黄明同主编，宁新昌整理：《新论》，《湛若水全集》第十二册，上海古籍出版社2020年版，第49页。

③ 湛若水撰，黄明同主编，宁新昌整理：《新论》，《湛若水全集》第十二册，上海古籍出版社2020年版，第45页。

孔子曰："性相近也。"语其变也。[1]

如何从"偏—全"的角度来讲工夫上的变化气质，湛若水讲："不累于物欲而后气质得其正，不偏于气质而后德性得其全。"[2]上文已讲气质指人先天赋有的形体（包括眼耳鼻舌身等身体部位），以及伴随这一形体所天生具有的东西（例如人的能力或性情）。甘泉认为，天地之性在气质之中，这既委以气质本体上的位置，同时也认定其是学者成德的基础。但是，除了圣人所禀受到的气质是中正不偏之外，其他人的气质都是有所偏倚的，或者偏阴或者偏阳。事实上，甘泉认为人所禀受到的气质，既是修习的起点与场域，又是学者修习所最终要转化的对象。

田叔禾正基于此而对气质之偏的类型进行补充，他引入五行的概念进行比配，从而将人气质的类型分为五大类："偏于木而慈、偏于火而燥、偏于土而滞、偏于金而厉、偏于水而荡。"慈、燥、滞、厉、荡是人的五种不同德性，而这五种德性是由于偏禀五行之气的不同所得。无论我们是否同意这种划分，但是有一点可以确认，就是这

---

① 湛若水撰，黄明同主编，郭海鹰整理：《新泉问辨录》，《湛若水全集》第十三册，上海古籍出版社2020年版，第23页。

② 湛若水撰，黄明同主编，宁新昌整理：《新论》，《湛若水全集》第十二册，上海古籍出版社2020年版，第37页。

五种德性只是人所禀受的偏德而已。这些德性虽是偏德，但是就每一种德性而言，它们都有其中正的状态。当湛若水讲“不累于物欲而后气质得其正”的时候，就是从这个角度来讲，它是指人所先天禀受的气质处于一个中正的位置，此时并未涉及转化气质的问题。

湛若水高第蒋道林对甘泉所讲的“气一”与“分殊”有进一步的总结发挥，直接提炼出“气一分殊”的命题。上文讲到程颐用“理一分殊”来概括张载《西铭》所谓“天地之塞，吾其体；天地之帅，吾其性”，实际上程颐在最初理解《西铭》主旨便有差，横渠《西铭》明明是一气之流通，而在惧怕《西铭》滑向杨朱而强用“理”规限之，实在误导了后世诸儒。江门学派提揭“气一分殊”实际上才重新回到横渠《西铭》的本义上。我们来看蒋道林的论说：

> 宇宙只是一气，浑是一个太和，中间清浊刚柔多少参差不齐。故自形生神发、五性感动后观之，知愚贤不肖、刚柔善恶中，如皋陶论九德，孔子所言柴、参、师、由，偏处自有许多不同。既同出一个太和，则知的是性，愚的岂不是性？善的是性，恶的岂不是性？孟子却又何故独言性善？此处非功夫与天命合一，不能知也。动而无动，静而无静，一动一静之间，是天命本体，造化所以神者在此。故工夫到得，

> 勿忘勿助之间，即便是此体，那纯粹至善底头面便现出来，便知天知性，知柔知刚，恻隐、羞恶，辞让、是非，便随感而应。孟子言性善，正是于此处见得。荀、韩诸子不知性，正由不知此一段学问工夫。如今只须用功，不须想像他如何。工夫到得真默处，即识之矣。盖气一分殊，即分殊约归动静之间，便是本体。先儒却以美恶不齐为气质，性是理，理无不善，是气质外别寻理矣。①

道林这段话完全发挥甘泉意蕴，而与田叔禾相呼应，特别最后一句"先儒却以美恶不齐为气质，性是理，理无不善，是气质外别寻理矣"是题眼，所谓"愚贤不肖、刚柔善恶"中都有一个本体在，此本体便是"太和"，浑是一元气。也就是湛若水所讲每个人的气质或有所偏滞，但都有一个中正的状态。这也正是濂溪所讲"人人一太极"之余蕴。

甚至，对于社会生活现象（如教化与风俗），江门学派同样用"气一分殊"的框架进行解释："潮与泉、漳之间，山泽之气所通；气之所通，故其语声相类；声之相类，故其心意相谐；意之所谐，故其俗尚相同；俗之所

① 黄宗羲：《明儒学案》卷二十八，《楚中王门学案》，第631页。

同，故其教化易协。”[①]风气相通则会导致语言、习性、风俗相近，而这又会影响到教化的问题。这是从气一相通的一面对风俗教化进行解释。又有：“夫民之习也，风气以之。夫广也，上多山谷之居，其气隘；下多洲岛之居，其气柔。其气柔，其民弱而不直；其气隘，其民怨而不伸。是以多盗。”[②]这是认为居住地自然环境会对人的性情和当地风俗的形成和塑造有着直接的影响，这是气之分殊面在社会生活现象中表现。

但必须指出的是，江门学派这里讲“气一分殊”，绝不像孟德斯鸠的地理环境决定论一样，因为它还有一个价值层面的问题。江门学派并不只是要解决天地万物的统一性与多样性（或差异性）的问题，更是要为我们日用间所见之事物（器）在本体上寻得一个价值与位置，所以他们强调道器之不可分：“天下之言道也，则器而已耳。得其器，道在其中矣。”这样一来，天地万物便皆是道体之流行，也就是在天地万物之中皆可以见到道体活泼泼地朗现，白沙有诗道：

---

① 湛若水撰，黄明同主编，汪廷奎、刘路生整理：《送太守郑志尹之潮州叙》，《湛若水全集》第十六册，上海古籍出版社2020年版，第66页。

② 湛若水撰，黄明同主编，汪廷奎、刘路生整理：《赠宪副王希文序》，《湛若水全集》第十六册，上海古籍出版社2020年版，第60页。

知暮则知朝，西风涨暮潮。千秋一何短，瞬息一何遥。有物万象间，不随万象凋。举目如见之，何必穷扶摇？[①]

“扶摇”在这里喻指与日常生活脱离的形上世界，白沙指出学者不必向“扶摇”去求取道体，因为道体便在日之朝暮、潮之涨落、时间之长短中呈现出来，随处体认便是了。

---

① 陈献章：《偶得寄东所（一）》，《陈献章集》上册，第310页。

第五节　天地万物同体

天地万物一体（或同体）是江门学派自然观背后的本体论根据。江门学派万物一体的思想渊源可溯至横渠《西铭》中“民胞物与”，以及程颢“仁者与天地万物一体”的思想。这个“体”字江门后学方瓘有一个颇为生动的讲法，谓其“心体天地万物而不遗，以为体也者，体也，犹体乎四肢百体也，与之为一，流通而无间也”[①]。这一譬喻将“体”解释成一种“以身体之”的“心—身”结构，人与天地万物的关系也是一种自然或者说天然的有机结构关系，不是人为臆想，而是本来如此。

一、生机

在陈献章看来，宇宙天地是一片生机勃发，他在书

① 湛若水撰，黄明同主编，黄明同整理：《新泉问辨续录》，《湛若水全集》第十三册，上海古籍出版社2020年版，第114页。

寓碧玉楼题有对联“大海从鱼跃，长空任鸟飞”，描绘的就是这样一幅景象。这副对联典出自《诗经》“鸢飞戾天，鱼跃于渊”，它所描绘的是“鹞鹰展翅飞上天，鱼儿跳跃在深渊”的场景[①]，后来《中庸》用它来指称君子所重天道的遍在性，所谓：“《诗》云：‘鸢飞戾天，鱼跃于渊。’言其上下察也。君子之道，造端乎夫妇，及其至也，察乎天地。”而到了程颢手里，这被转换成为一个指点学者学问工夫的话头，所谓“‘鸢飞戾天，鱼跃于渊，言其上下察也。’此一段子思吃紧为人处，与‘必有事焉而勿正心’之意同，活泼泼地。会得时，活泼泼地；不会得时，只是弄精神。”[②]“活泼泼地”自然是生机盎然的生命境界，但必须注意，明道这里讲“鸢飞鱼跃”不仅是从境界上讲，他更从工夫上立论，将“鸢飞鱼跃”与孟子“必有事焉而勿正心”联系起来讲，不可不仔细理会。明道这一贡献在白沙看来，被后来学者有意无意忽视，他曾有诗为明道申言：“进到鸢飞鱼跃处，正当随柳傍花时。今人不见程明道，只把《中庸》话子思。”[③]

---

① 程俊英：《诗经译注》，上海古籍出版社1985年版，第504页。

② 程颢、程颐：《河南程氏遗书》卷三，《二程集》，第59页。

③ 陈献章：《次韵姜仁夫留别（九）》，《陈献章集》下册，第647页。

天地造化造化之初是浑然一团生意，陈献章诗道："混沌固有初，浑论本无物。万化自流形，何处寻吾一？"[①]"有初—无物"，白沙通过这种辩证的思维来揭示万事万物是在有无之间的客观运动中生长出来的，"空室空木之中，有物生焉"[②]，更所谓"君若问鸢鱼，鸢鱼体本虚"[③]，看似"虚空之中"却孕育着无限生机。落入经验世界中的天地万物虽有所对待，但它们又都是有一个归源的，白沙将这种归源叫做"一"，也就是"一体"或"同体"：

> 默而观之，一生生之机运之无穷，无我无人无古今：塞乎天地之间，夷狄禽兽草木昆虫一体，惟吾命之沛乎盛哉！程子谓"切脉可以体仁"，仁，人心也。充是心也，足以保四海；不能充之，不足以保妻子。可不思乎？[④]

程颢"切脉可以体仁"在宋明理学中是一个经典的话

---

① 陈献章：《太极涵虚》，《陈献章集》下册，第522页。

② 湛若水撰，黄明同主编，宁新昌整理：《新论》，《湛若水全集》第十二册，上海古籍出版社2020年版，第45页。

③ 陈献章：《赠陈护湛雨（二）》，《陈献章集》下册，第524页。

④ 陈献章：《古蒙州学记》，《陈献章集》上册，第27—28页。

头。明道这里的“仁”不是作为一种人类德性的“仁”，他通过引进《易经》中“生生大德”的观念，让“仁”成为包四德的“大仁”，它是白沙所讲的“生生之机”。这生机在天地之间流行运动没有一刻停止。通过将仁与天地万化流行联系起来，而使仁从一个德性论的术语转变成为一个宇宙论与心性论的概念。白沙这活泼泼的生机是“无我无人无古今”的，也就是它是超越经验世界一切区别对待的，甚至连“夷狄禽兽草木昆虫”跟我都是“一体”的。如果我（心）是中心，那么“夷狄禽兽草木昆虫”是要表示离“我”很远的异域，异域之物尚且一体，况乎与我相近者！

“切脉体仁”是从工夫论讲体贴这种人物一体的生机。但为何选择“脉”？第一当然因为脉是动的，通过脉动可以体贴到天地看似虚无的一气运化。第二是人心虽然是天地之仁在人身上的跃现，但人心在腔子内，我们是无法直接去观感它的，我们感知心的“活”恰恰是通过“心—脉”的跳动。还有一点，我们习惯将心看成一种精神物，而脉搏因为我们触摸到、听到，显然被视为一种有形体之物，“心—脉”虽然存在人一身之中，但却可以看成是两种异质的物，通过“脉动”而体贴“心动”恰恰可以去体贴“夷狄禽兽草木昆虫”的生生之机。所以一体或同体实际上是仁体。湛若水非常敏锐洞察到白沙学的这种自然特质“因圣学以明无欲之敬，举鸢鱼以示本虚之仁”[①]，必得白沙首肯。

二、性者天地万物一体

白沙以降，江门诸子中对“一体”有更系统发挥的是湛若水。湛若水四十一岁与王阳明一见定交，便以倡明道“仁者浑然与天地万物同体”宗旨共盟圣学。王阳明《大学问》以大人由本心之仁而能与孺子、鸟兽、草木、瓦石为一体，尤被后来学者所推崇，但是湛若水的仁学却被有意无意忽略。事实上，湛若水认取“天地万物一体为性体”，直接打通了一体之仁在宇宙观与心性论上的统一，并且作了体系化的建构，应当予以更多的重视。

“性者天地万物一体”的哲学命题是湛若水在五十九岁时所作《心性图说》中提出的，它是甘泉在西樵山烟霞洞夜悟格物之旨，并与阳明书信往来反复辩论“致良知”与“体认天理”之别后提出的，在甘泉的思想体系中比较精熟：

> 性者，天地万物一体者也；浑然宇宙，其气同也；心也者，体天地万物而不遗者也。性也者，心之

① 湛若水撰，黄明同主编，汪廷奎、刘路生整理：《奠先师白沙先生文》，《湛若水全集》第十七册，上海古籍出版社2020年版，第679页。

生理也，心、性非二也。譬之谷焉，具生意而未发，未发故浑然而不可见。及其发也，恻隐、羞恶、辞让、是非萌焉，仁义礼智自此焉始分矣，故谓之四端。端也者，始也，良心发见之始也。是故始之敬者，戒慎独以养其中也，中立而和发焉，万事万化自此焉达，而位育不外是矣。故位育非有加也，全而归之者耳。终之敬者，即始之敬而不息焉者也。曰："何以小圈？"曰："心无所不贯也。""何以大圈？"曰："心无所不包也。包与贯实非二也，故心也者，包乎天地万物之外，而贯乎天地万物之中者也。中、外非二也，天地无内外，心亦无内外，极言之耳矣。故谓内为本心，而外天地万事以为心者，小之为心也甚矣。"[1]

在另一篇更早文献《孔门传授心法论》中，湛若水已经有"性者天地万物一体"的提法[2]，但那篇文献的结构并没有《心性图说》这样精炼紧凑，并且它整篇文献论述的重心都着落在"心"上。不过，在那篇文献中，甘泉没

---

① 湛若水撰，黄明同主编，郭海鹰整理：《心性图说》，《湛若水全集》第二十一册，上海古籍出版社2020年版，第13页。

② 湛若水撰，黄明同主编，郭海鹰整理：《孔门传授心法论》，《湛若水全集》第二十一册，上海古籍出版社2020年版，第52页。

有将“心”视为仅在腔子内的心，而是与天地同神、同塞的“大心”。这是与《心性图说》一致的。但由于那篇文献并没有引入气这一概念，所以在论证“心出于天，天无内外，心亦无内外”的这一“天—心”结构的一致性，并没有能够得到很好的说明，并且“心—性”二者的联结在结构上也有些松散。而在《心性图说》中，湛若水不仅引入气的概念，更重要的是他改变了“性”“心”二者的论说次序以确认“性”的地位：当头便是“性者天地万物一体”，“心”的生成及其能体天地万物的功能是基于人所获得的一体之性予以确认的；而加入宇宙之气的概念，使得这一命题有向天道论一面展开的可能，同时也使天地一体之性之仁意、生意得以向本心流贯。

“性者天地万物一体”很明确是从明道“仁者浑然与天地万物一体”转手而来，但两者有什么区别？明道主要还是侧重从学者的工夫境界来讲，理解甘泉这一命题，还必须再结合明道“性即理”，两者打通才能得见真义。甘泉在与薛侃讨论周濂溪太极图就指出过这一线索：“执事以为发明周子原一之义，夫主静者，主一也，其见是矣，然而周子太极图只一圈，而足下古太极图分黑白，阴阳分配，是为发明周子乎？心即性也，性即理也，性者心之生理也，心性一也，而分心图性图为二，可乎？心图性图之下又为一大图，左二而右一，何指乎？若谓阴左而阳右，阴阳反易其位矣。”[①]“性即理”便没有了所谓“天地之性”与“气质之性”的区分，所有的“性”或“理”都是从气质中生发出来。他很明确地讲：

> 分天地之性与气质之性，恐终未安。程明道曰：“性即理也，理无不善。”最为明尽。且性字之义从心从生，谓心之生理也。若为气质之偏，即非本心生理之本体矣，何以谓之性？性只是一性，理只是一理，若其非一，则何生知、学知、困知，安行、利行、勉行，知之而成功一也？初尊谕所谓人性之同，可见得之矣。[②]

甘泉对程明道“性即理”有极高之赞誉，称其为“程子谓性即理，无不善。孟子性善之后，程子大有功于孟子”[③]。为什么有如此高的评价呢？打通“天地之性”与“气质之性”让“道—器”浑一，这让甘泉不再局限在一己的心上，所谓“心体天地万物而不遗”，这就是湛若水

---

① 湛若水撰，黄明同主编，刘兴邦整理：《与薛中离论古太极图》，《湛若水全集》第二十一册，上海古籍出版社2020年版，第346页。

② 湛若水：《答问》，《甘泉先生续编大全》卷二十五，嘉靖三十四年刻，万历二十三年修补本。

③ 湛若水：《答问》，《甘泉先生续编大全》卷二十八，嘉靖三十四年刻，万历二十三年修补本。

为人所熟知的“大心”论。这一思想在西樵山讲学与阳明书信往复论辩格物的时候就已经提揭，他批评阳明指腔子以为心，而批评阳明是内而非外[①]。黄宗羲曾对甘泉的“大心”有所微词，他说“天地万物之理不外于腔子”[②]，显然是支持阳明的观点。黄宗羲的批评乃未及详考甘泉这一讲法而忽漫为之，湛若水所讲的体天地万物而不遗之“心”是既在腔子之中又不在腔子之中，舍弃腔子之心而再无心。他用“包”与“贯”两个动词来表明心与天地万物这种一体不容已的关系，所谓“心包乎天地万物之外，而贯乎天地万物之中”，“之外”与“之中”表达心与天地万物（也包括人之身体、腔子）的一体关系完全是一种“镶嵌”在彼此之中的状态，所以此心既在天地万物这一大腔子之中，又在人四肢百体这一小腔子之中。在这种意义上，湛若水也是指腔子为心。甘泉对阳明的批评，实际上是讲阳明专指人身之腔子以为心，故这个心不是一个至公之心，而有从一己之躯壳上起私意的危险。当然，甘泉的批评是否准确，是另一个问题。所以，甘泉讲要大其心，实际上是要求为学者要识取得心与天地万物一体之意，识认得此意则心与天地万物流通无间，便是大心；识取不

① 湛若水撰，黄明同主编，刘兴邦整理：《答杨少默》，《湛若水全集》第二十一册，上海古籍出版社2020年版，第252页。

② 黄宗羲：《甘泉学案一》，《明儒学案》卷三十七，第876页。

到，便如明道所讲之手足痿痹谓之不仁，此心与天地万物的通道被一己躯壳堵塞住了，便是“小心”。

从工夫的角度讲，以“性体”来确认人存在的超越根据让人为天地万物挺身而出的道义责任变成自己性分上的事情，所谓“天下一人而已”，没有任何推托的借口。《中庸》所讲“天下至诚”在甘泉看来就是在“性即理”的意义上穷尽己身之性，做到“心之生理，全体大用浑然廓然，无一毫不尽矣”：

> 己性尽则人之性、物之性皆尽，盖其性之大用之所及于人，则有教以复其性，有养以遂其生，于物则取之有时，用之有节，人之性尽而物之性亦尽，人物之性皆于己性分上尽了。盖成己成物，皆性之德也，合内外之道也。己性尽则人物之性尽，人物之性尽，则裁成辅相。天覆地载，圣人成能，圣人成能，成天地之所不能，故曰：“赞天地之化育，而可以与天地参。”盖与天地为一矣，而云参者，犹与天地为二，子思示人只得如此说，其实无二无三，一而已。此何以故？性者与天地万物为一体者也。其尽己、尽人、尽物、赞天地，复其本然者也。[①]

---

① 湛若水撰，黄明同主编，宁新昌整理：《天华书院讲章》，《湛若水全集》第十二册，上海古籍出版社2020年版，第312页。

当讲“性者天地万物一体”的时候，就将“己—人—物”的关系视为人存有的“本初”状态，“人物之性皆于己性分上尽了”就物来讲便是“取之有时，用之有节”，“有时”与“有节”正是在义中彰显那生生之仁。正是人己物都是一个命脉，呼吸相通、痛痒相关，因此“刺一处则遍身皆不安”[①]，“仁者不忍一物不得其所”[②]，天地间有一物得不到安顿我都会感到不安、不忍。

三、仁体

“天地万物一体”的“性体”又是一个“仁体”，它流贯于人之本心，而以生理的形式呈现出来。生理也就是天理，天理也就是生理。白沙用“大块”“浑沦”来描述创生天地之理，所谓“尝疑大块本全浑，不受人间斧凿痕”[③]。“大块本全浑”是浑沦之意，江门诸子也常以“一团”来描述天理这种“浑沦”状态，如“满腔纯是一团

---

① 湛若水：《洪子问疑录》，《泉翁大全集》卷七十八，嘉靖十九年刻，万历二十一年修补本。

② 湛若水撰，黄明同主编，宁新昌整理：《新论》，《湛若水全集》第十二册，上海古籍出版社2020年版，第46页。

③ 陈献章：《云封寺有曲江遗像》，《陈献章集》下册，第678页。

生意”[①]“浑是一团天理”[②]“浑是一团生理”[③]“满腔春意”[④]“浑是一团造化”[⑤]，等等。无论是“浑沦”，还是“不受人间斧凿痕”读起来颇有种老庄的味道，但江门诸子所讲的显然不是道家的“自然”，并且“浑沦”也不只是用以指称万物相即而未相离的状态，它更强调这种“浑沦”背后的生意，认为这是儒家与道家相区别的真种子。陈献章习惯用诗歌的语言来描绘和赞叹天地这一团生意的创造力量，“正翕眼时元活活，到敷散处自乾乾。谁会五行真动静，万古周流本自然”[⑥]，白沙在梦醒之间感受这活泼泼的仁意；“一痕春水一条烟，化化生生各自然。七尺形躯非我有，两间寒暑任推迁”[⑦]，形躯的有我融入大自然生生化化之中，而获得一种观物的生趣。江门后学吕怀也与白沙一样，喜从山间野趣描绘生生化化之“仁体”，所谓“此理此心，流行天地，默而识之，随处充足。烟花林

---

① 湛若水撰，黄明同主编，宁新昌整理：《金台问答》，《湛若水全集》第十二册，上海古籍出版社2020年版，第226页。

② 湛若水撰，黄明同主编，黄明同整理：《新泉问辨续录》，《湛若水全集》第十三册，上海古籍出版社2020年版，第134页。

③ 湛若水：《衡岳书堂讲章》，《甘泉先生续编大全》卷二十三，嘉靖三十四年刻，万历二十三年修补本。

④ 湛若水：《岳游纪行录》，《甘泉先生续编大全》卷三十三。

⑤ 唐枢：《真谈·真心图说》，《木钟台集》卷二，第480页下。

⑥ 陈献章：《枕上漫笔》，《陈献章集》下册，第647页。

⑦ 陈献章：《观物》，《陈献章集》下册，第683页。

鸟，异态同情，俯仰之间，万物一体，不言而喻。”[1]在吕怀笔下，烟花林鸟的山间自然异趣亦随之朗现。

湛若水则更喜欢用一种理性的方式来言说“仁体”，他认为，天理就是一个生理：“天理只是心之生理。如彼谷种，仁则其生之性，仁即是天理也。心与天理何尝有二？”[2]刘宗周后来在注解《论语》“居处恭，执事敬，与人忠”一章时，引用湛若水的观点而评介说：“仁体随处周流，学者随所感发而证此体。在居处时为恭，执事时为敬，与人时为忠，皆心存理得之别名也。虽之夷狄而不可弃，则险夷一致，此心纯矣。以是求仁，庶几乎！湛甘泉氏曰‘随处体认天理’，最得求仁之意。此道体浑然，无可持循，故圣人就分见处，示人以入德之地。”以生生仁体来诠解甘泉随处体认天理的工夫必为他本人所首肯。

在湛若水看来，人心的生理实际上具生意而未发，像谷种一般，潜藏着一种生命生长创造的动力，它的发生是需要条件的。人心之生意也是如此，它同样是生命生长之力量，只不过它所创造的不是生物学意义上之生命，而是

① 吕怀：《答曾廓斋》，《甘泉学案二》，《明儒学案》卷三十八，第913页。

② 湛若水：《答问》，《甘泉先生续编大全》卷二十五，嘉靖三十四年刻，万历二十三年修补本。

人之德性生命。故甘泉也将此生意称为“可欲之善”①，向善、为善之道德力，这也是人成贤成圣的超越根据。《心性图说》中“及其发”即点出这一潜隐着的生意生发的条件，“发”大概是指因为事物之来至而有所感应而已。不过，它所萌发而呈现出来的是孟子所讲的恻隐、羞恶、辞让、是非这四端，这个端自然也是生意之萌端，它是良心发见之初始，可见甘泉所讲之心实则是一道德心。这一个道德心在“未发”时，是天理（或者说生理）浑然，廓然大公，而得到它去应事接物时，它便能自然而然、恰如其当地应付：“未发时，天理浑然，廓然太公；及其发也，随感而应，遇君父兄友而忠孝弟信始见，所谓物来顺应者。随寂随感、随静随动，只是一理，理无二故也。”②

湛若水之所以用“廓然大公”来指称人本心未应事接物时的状态，是因为天地之心必须通过人之初心、真心、良心这一点生意之萌端而呈现出来：“《易》谓‘复其见天地之心’云云，其浑然灿然，体用一原，显微无间，原是一个物事。天地之心，寂感隐显，本无二致，但于复时可见，未复时未见，如草木之根在土中，又焉得见？非谓

---

① 湛若水：《衡岳书堂讲章》，《甘泉先生续编大全》卷二十三，嘉靖三十四年刻，万历二十三年修补本。

② 湛若水撰，黄明同主编，黄明同整理：《新泉问辨续录》，《湛若水全集》第十三册，上海古籍出版社2020年版，第214页。

未复时本无也。故孟子每每于其发处、复处拈出这点初心、真心、良心，欲人察识这天地生意，便是识仁，就这根上培养扩充以至盛大，美大圣神，与天地合德，亦不过是元初具有完全的物事，所谓‘父母全而生之，子全而归之’，非有加也。扩充之功，即学问思辨笃行是也，此与良知良能章‘达之天下’，皆是此意。孟子之学更无别奇异，每每如此。”①

但是，初心、真心、良心所呈现的生意并不只是人心之生意，而是一天地生意。可以讲，天地万物皆有生意，可是它们并没有自觉到这种生意，只有在人这里才自觉到这种生意。所以，天地之生意只有在人这里才能得以敞现出来，从这里讲，人心正是天地万物生意之发窍处。当然，天地生意并非没有人之呈露便不复存在，然而，生意只有呈露才能被为学者所体贴、察识而转化成自身成善的道德力量。这里还有一个问题，也就是这个善的萌端实际上只是一个始端而已，它需要被推扩才能得到充实和完满。湛若水在解释《孟子》这一章是强调了“达之天下”，而始端之“达”必须依赖“学问思辨笃行”，他特拎出这一点是为了与阳明区别，以示他讲的“初心、真心、良心”并非寓于一己之私的“小心”。

① 湛若水撰，黄明同主编，黄明同整理：《新泉问辨续录》，《湛若水全集》第十三册，上海古籍出版社2020年版，第188页。

用大心观物，则“老眼触处皆仁”[1]，而仁又是人心之生理，湛若水认为仁体之流行充塞其实就是本心之流行充塞，其曰：“仁其心之生理乎！自一念之动，以至于万事之感应，皆生理也。”[2]从一念之发动直至万事万物之感应皆是吾心生理之流行发用，这也是仁体之流行发用。在这种意义上，天地之间皆是吾心之生理、皆是仁体。对于天地万物乃是吾心生理之流行发用，江门后学陆舜臣尝有一精彩讲法，其曰：

> 吾心身生生之理气，所以与天地宇宙生生之理气吻合为一体者，流动于腔子，形见于四体，被及于人物，遇父子，则此生生天理为亲，遇君臣，则此生生天理为义，遇师弟，则此生生天理为敬，遇兄弟，则此生生天理为序，遇夫妇，则此生生天理为别，遇朋友，则此生生天理为信，在处常，则此生生天理为经，在处变，则此生生天理为权。以至家国天下、华夷四表、莅官行法、班朝治军、万事万物、远近巨细，无往而非吾心身生生之理气。根本于中而发见于外，名虽有异，而只是一个生生理气，随感随应、散

---

① 湛若水：《题洗罗江司空画菜》，《泉翁大全集》卷四十八，嘉靖十九年刻，万历二十一年修补本。

② 湛若水撰，黄明同主编，郭海鹰整理：《雍语》，《湛若水全集》第十二册，上海古籍出版社2020年版，第68页。

殊见分焉耳，而实非有二也。[①]

陆舜臣这一推演备受甘泉赞许。所谓生生天理即生理。亲、义、敬、序、别、信、经、权均为人伦大德，以及处常之经与处变之权，都是吾心身生生之理气随寂随感、随其心身之所遇而一体之流贯。不仅如此，就连家国天下、华夷四表、莅官行法、班朝治军、万事万物（当然也包含草木瓦石之类），也都是吾心身一体生理流贯而成。这里面有理一分殊的架构在。不过这里的“理一”是吾心身一体流贯之生理，是理气浑沦互嵌之理，而“分殊”也是由理之一体流贯而来，自与月印万川之理一分殊架构不同。

江门的这种理一分殊是在一感一应之间：生生不息、物我一体、痛痒相关，这是理一；而感于亲则其孝自然生发出来、感于君则其忠自然生发出来、感于师则其敬自然生发出来、感于友则其信自然生发出来，处于常则其经自然生发出来、处于变则其权自然生发出来，等等，凡所有感，无不是天理之自然发见，这是分殊。所以，江门所讲的理一分殊是一种一体的关系，而朱子所谓月印万川却有二之倾向。在这种意义上，天地万物随时随处的生生化

① 湛若水撰，黄明同主编，郭海鹰整理：《新泉问辨录》，《湛若水全集》第十三册，上海古籍出版社2020年版，第12页。

化，莫不是吾心之充塞，而无时无处不流通也；亲、义、敬、序、别、信、经、权，家国天下、华夷四表、莅官行法、班朝治军、万事万物也莫不是吾心本体自然流通之著见也。从这里来看，则盈天地之间皆生理、皆生意也，也即甘泉弟子吕怀所谓“聚散隐显，莫非仁体”[①]，皆仁体也。天地之间一片盎然生意，这是从一体之仁的角度确认了吾心的本体地位，也确立了体仁、体认天理的工夫在吾心上做，因此“只说天理在宇宙间，便尚有病痛，只于心体中求之为切，而与在宇宙间者一也”[②]。

---

① 吕怀：《答唐一庵》，《甘泉学案二》，《明儒学案》卷三十八，第913页。

② 湛若水撰，黄明同主编，黄明同整理：《新泉问辨续录》，《湛若水全集》第十三册，上海古籍出版社2020年版，第123页。

第二章

江门学派的自然宗旨

“自然”作为中国传统思想研究中的关键词，它的含义丰富且充满歧义，它既作为一种形而上观念在哲学、古典艺术（田园诗、山水画）中彰显其思想力量，同时也作为一种日常生活频繁使用的词汇出现在民间社会[①]。在思想史中，人们更熟知的“自然”谱系是道家的，“自然”一词在《老子》中出现5次，在《庄子》中出现8次，在《列子》中出现6次，而所谓“自”类概念群（如“自生”“自化”“自见”“自是”“自矜”等）则更多。与此相较，在先秦儒家的典籍中，与“仁”“义”等指称德性的概念相比，对“自然”几乎没有直接的涉及，《论语》《孟子》中均不见“自然”一词，而在《荀子》中也仅见两例，“不事而自然谓之性”（《荀子·正名》），“若夫目好色……是皆生于人之情性者也；感而自然，不待事而后生之者也”（《荀子·性恶》）。

宋明理学对自然的重视在本体论、工夫论及境界论中均有体现。江门学派对自然的兴趣从陈献章开始，这种兴趣或许跟他的家学有关系，他的祖父陈永盛（号渭川）：“不省世事，好读老氏书，尝慕陈希夷之为人。”[②]从他仰慕宋初道士陈抟来看，陈献章的祖父是崇尚自然、向往道家境界的读书人。而陈献章“浑沦本无物，万化自流

① 参见陈少明：《自然——从思想史到生活方式》，收入氏作《等待刺猬》，上海三联书店，2004。

② 张诩：《白沙先生行状》，《陈献章集》附录二，第868页。

形”的自然本体论，“色色信他本来”的自然工夫论以及“鸢飞鱼跃”的自然境界论，奠定了江门学派自然观的规模框架。白沙的学问虽然以“自然”为特色，但将其作为宗旨以示学者却要到他晚年。在现有编年的材料中，他六十二岁评价学生张诩学问时用了“廷实之学，以自然为宗，以忘己为大，以无欲为至，即心观妙，以揆圣人之用”的讲法[①]；到七十岁给自己的得意门生湛若水回信中讲到“学者以自然为宗，不可不着意理会”[②]；次年在给甘泉的信中又重申“此学以自然为宗旨也”[③]。所谓“宗旨”在宋明理学家那里是指：“是其人之得力处，亦是学者之入门处。天下之义理无穷，苟非定以一二字，如何约之，使其在我。故讲学而无宗旨，即有嘉言，是无头绪之乱丝也。”[④]因此，通过“自然”可以了解陈白沙学问的头绪，关键是，学者可以通过它入门后反复沉潜，最终得到进入圣学门域的力量。故白沙身后，湛若水将白沙的思想贡献概括为“握无为之机而性成久大之业，启自然之学

① 陈献章：《送张进士廷实还京序》，《陈献章集》上册，第12—13页。

② 陈献章：《与湛民泽（七）》，《陈献章集》上册，第192页。

③ 陈献章：《与湛民泽（九）》，《陈献章集》上册，第192—193页。

④ 黄宗羲：《明儒学案发凡》，《明儒学案》，2008年，第14页。

而德有日新之源”[①]，它对甘泉一生学问工夫的影响是持久性的，正是“先师白沙先生云：‘学以自然为宗。’当时闻者或疑焉。若水服膺是训垂四十年矣，乃今信之益笃。”[②]

---

① 湛若水撰，黄明同主编，汪廷奎、刘路生整理：《奠先师白沙先生文》，《湛若水全集》第十七册，上海古籍出版社2020年版，第679页。

② 湛若水撰，黄明同主编，郭海鹰整理：《自然堂铭》，《湛若水全集》第二十一册，上海古籍出版社2020年版，第17页。

第一节　自得之学

“自得”一词典出《孟子·离娄下》：“君子深造之以道，欲其自得之也。自得之，则居之安；居之安，则资之深；资之深，则取之左右逢其原，故君子欲其自得之也。”程颢对孟子的“自得之学”有进一步解释，他说：“大抵学不言而自得者，乃自得也；有安排布置者，皆非自得也。”[①]明道这里讲了自得之学“正反”两个标准，其中一个是“不言而自得”，江门学派所讲“无言之教”与之有同响；另一个是不事安排布置，也就是不须人力去刻意做。因此，自得之学必须“默识而自得之”[②]。另外，对自得的理解还必须与孟子的另一著名思想“尽信书不如无

① 程颢、程颐：《河南程氏遗书》卷十一，《二程集》，1981年，第121页。

② 程颢、程颐：《河南程氏遗书》卷十一，《二程集》，1981年，第118页。

书”所体现的“贵疑”精神联系起来看。程颐虽然重视经典学习的工夫，但是他对孟子“尽信书不如无书”也有发挥：“解义理，若一向靠书册，何由得居之安、资之深？不惟自失，兼亦误人。”[①]在这种意义上，“自得之学”并不完全是从经典中得到的知识见解，而是张载所讲的德性之知，即使是经典的知识见解也必须能够有助于德性的涵养，不然知识见解越多越可能迷失自我，而以之教人则可能会误人学问。二程自述其学虽有所授受，但是天理二字却是自家体贴出来，便是如此。江门学派对自得之学的这两个面向都全部接受，并有深入发挥，这是其自然宗旨在为学之路与方法上的表现。

一、其机在我

陈献章青年时期参加科举考试并不如意，他二十七岁的时候开始追随吴与弼读书，“仆才不逮人，年二十七始发愤从吴聘君学。其于古圣贤垂训之书，盖无所不讲。然未知入处”[②]。白沙从康斋那里接受严格的经典训练，勇毅果决，但是对学问的入口与下手处依然没有头绪。不过，关于白沙这一段求学经历却有其他版本。阳明后学，惠州

① 程颢、程颐：《河南程氏遗书》卷十一，《二程集》，1981年，第165页。

② 陈献章：《复赵提学佥宪（一）》，《陈献章集》上册，第145页。

人杨起元说：“予少时，闻白沙先生学于吴康斋先生。吴先生无讲说，使先生斸地、植蔬、编篱。吴先生或作字，先生研墨；或客至，则令接茶。如是者数月而归，竟无所得于吴先生也。”[①]而清人屈大均“白沙之于吴聘君也，为之执役数月，而不敢请益一言”[②]。杨、屈的版本与白沙自述相差较大，这两个版本的关键在“吴先生无讲说”与“不敢请益一言”，就非常有趣。他们在重新建构白沙学问统绪的时候，刻意将“经典”与“言”回避，这样白沙的“糟粕说”与“默识”工夫便在康斋那里有了更直接的联系。但无论哪个版本，白沙这段求学过程都是“不知入处”“无所得”。那“不知入处”“无所得”是什么意思呢？白沙讲道：

比归白沙，杜门不出，专求所以用力之方，既无师友指引，惟日靠书册寻之。忘寝忘食，如是者亦累年，而卒未得焉。所谓未得，谓吾此心与此理未有凑泊吻合处也。于是舍彼之繁，求吾之约，惟在静坐。久之，然后见吾此心之体隐然呈露，常若有物。日用间种种应酬，随吾所欲，如马之御衔勒也。体认物

① 杨起元：《白沙语录序》，转引自阮榕龄《编次陈白沙先生年谱》，《陈献章集》下册，第806页。

② 屈大均：《广东新语》上册，中华书局2006年版，第310页。

理，稽诸圣训，各有头绪来历，如水之有源委也。于是涣然自信曰："作圣之功，其在兹乎！"①

从这里看到，白沙从康斋处回到新会后起初还是循着康斋给他指引的路径，废寝忘食不可不谓努力，但用力之地未必得力。在这里，白沙指出了他所认为的"未得"，是"此心一此理"未有凑泊吻合处。康斋教的多是朱子之学，所以"此理"当是一草一木之理。也就是外在的客观事物之理与体察理之道德心未能一体。如何解决"心一理"之间未有凑泊处？必须舍繁就简。对白沙这种转向，弟子林光后来也有类似的感悟："夫人之所以贵于学者，为闻道也。所谓闻道，在自得耳。读尽天下书，说尽天下理，无自得入头处，总是闲也。"②白沙最终是通过静坐而获得作圣之功的自信力量。这种自信力体现在挺立天地万物一体之"大我"，而"大我"是与"忘我"联系在一起的。白沙在《赠彭惠安别言》中明确指出：

忘我而我大，不求胜物而物莫能挠。孟子云："吾善养吾浩然之气。"山林朝市，一也；死生常变，一也；富贵贫贱、夷狄患难，一也，而无以动其

① 陈献章：《复赵提学佥宪（一）》，《陈献章集》上册，第145页。

② 林光：《奉庄定山》，《南川冰蘖全集》卷四，第127页。

心，是名曰“自得。”自得者，不累于外，不累于耳目，不累于一切，鸢飞鱼跃，其机在我。知此者，谓之善学；不知此者，虽学无益也。先生贵州之行，章无以为别，书此以代赠。先生行矣，世路多虞，伏惟珍重。①

在这里，白沙进一步指出“心—理”凑泊之自得关键在于“无以动其心”。日用间虽然有种种应酬，但无论“山林朝市”，还是“死生常变”，抑或是“富贵贫贱夷狄患难”，尽管它们所呈现的生命境遇有所不同，但能够“随吾所欲，如马之御衔勒也”，皆由本心作为主宰。白沙所谓的“不动心”，是指不累于外。而“外”从人一身来讲则首先是不累于感官引起的见闻之知，它的特征是以事物外在的现象作为体察的对象，往往会使我们“心随境转”。但这并不意味着要杜绝任何外在事物，而是要挺立人一身之“天机”或“生机”。江门后学蔡白石评白沙此学可谓准确：“陈先生曰：人心通塞往来之机，生生化化之妙，自阖自辟，自舒自卷之本体。斯吾何以言之哉？其由学、问、思、辨而自得之可也。”②只要有这个枢机，

① 彭韶：《惠安集》第十一卷附录，《文津阁四库全书》第四百一十六册，第353页。

② 蔡汝楠：《叙衡湘问辨》，《自知堂集》卷八，明嘉靖刻本，见《四库全书存目丛书》集部第九十七册，第540页。

即使是学问思辨笃行亦能有所得，此处不细辨解，而对此“机”，白沙病重时遗训有诗云：

有学无学，有觉无觉。千金一瓠，万金一诺。于维圣训，先难后获。天命流行，真机活泼。水到渠成，鸢飞鱼跃。得山莫杖，临济莫喝。万化自然，太虚何说？绣罗一方，金针谁掇？[①]

按照湛若水对此诗的疏解“此诗乃先生病革以示若水者，深明正学以辟释氏之非，其意至矣”[②]，因此当蒋信问甘泉“仁者与天地万物一体”是否与佛教相同时，湛若水予以明确否定。在他看来，佛教是要“去根尘”，因“缘起性空”而最终是要归于空的，而江门所讲的“不动心”恰恰是建立在“一体不容已”的大仁体上，故白沙讲自得之学必须要“忘我”，实际上这个“我”是形私之我，它因为有欲望而使“物—我”为二，进而“心—理”未能凑泊，因此“必勿留一尘以累吾自然”[③]。

湛若水对自然之旨的这种理解与持守与陈献章病逝

① 陈献章：《示湛雨》，《陈献章集》下册，第703页。
② 同上。
③ 陈献章：《与李德孚（一）》，《陈献章集》上册，第239页。

前这一示诗相关，他在八十三岁高龄追述先师之教时，亦系统辨正了江门学派的自然宗旨与老庄自然观之间的根本区别：

> 甘泉子曰：夫至言何为者也？言之至者也。辑白沙陈先生之言之至而为之，以示人约者也。……曰："非敢为大也，道一也。夫道一而已矣，何其大？天一而已矣，气一而已矣，人一而已矣，庶民于帝，其自然一而已矣。白沙先生自然之学与天一也，奚其大？"或曰："子之言自然，是吾之惑滋甚！夫然则老庄先得之矣！"曰："老庄，人为之私也，奚其自然？子谓天地之德，日月之明，四时之序，鬼神之幽，于帝之训，非自然乎？先生之言不用安排，非自然乎？昔者横渠张子曰：'人知道为自然，而不知自然之体。'明道程子曰：'用智则不能以明觉为自然。'又曰：'必有事焉而勿正心，勿忘勿助长，元无丝毫人力。'夫无人力者，自然之学也。皆灼见夫至道者也，奚其惑？是故君子能见自然之体而自得之，是亦至人已耳。言发乎自然，浑乎与天无作，是亦至言已耳。"遂谓九山汤子暨宝潭钟子诸子曰："君等深知乎石翁自然之学之言乎？吾将与子相勉乎至人之道，入至言之训，默而成之，以归于无言，然后为至学也。孔子曰：'予欲无言，四时行焉，百物

生焉，天何言哉！’夫无言者，教之至也。”作至言序戊申正月。[①]

湛若水这里讲的“自然”是从孔子“四时行焉、百物生焉”这个儒家的系统来讲的，所以这个“自然”其背后是道体之流行充塞，并非只是一种气机的流动。但湛若水认为老庄的自然只是从气层面的气机流动这个角度来讲，它没有一个天理的面向。这是甘泉对老庄道家的一贯看法。在这种意义上，甘泉甚至认为老庄根本就不懂得“自然”：“老庄，人为之私也，奚其自然？”老庄之流只知为自然，而不知自然之体。自然之体，其实就是道体的充塞流行，所以儒家讲的自然既不需要人力安排，但又不是盲目的，而是有它内在的秩序。甘泉所讲的自然还突出工夫上的不着丝毫人力，他认为白沙的宗旨是从明道“明觉自然”之说、“无丝毫人力”之说而来，明道之说又是从孟子“勿忘勿助”之说而来，而孟子之说其又来自孔子“无意、必、固、我”之教。这种工夫上的自然而然，无丝毫人力安排，在《自然堂铭》中有更好说明：

化者自化，生者自生，色者自色，形者自形。

---

① 湛若水撰，黄明同主编，汪廷奎、刘路生整理：《陈子至言序》，《湛若水全集》第十六册，上海古籍出版社2020年版，第325—326页。

> 自动自植，自飞自潜。鸢自戾天，鱼自跃渊，不犯手段，是谓自然。是何以然？莫知其然。其然莫知，人孰与之？孰其主张？孰其纲维？孰商量之？孰安排之？天地人物，神之所为。曰神所为，何以思惟？吾何以握其机？勿忘勿助，无为而为，有事于斯，若或见之。①

前半部分还是从道体来讲自然，后半部分从工夫讲。自然的工夫是在勿忘勿助之间无为而无不为，这样便能掌握得“天机”，便能不累于外，不为所动。本心之“机”如何不动？这里还涉及对“觉”的理解。“知觉”作为人心的官能是建立与外在客观世界的纽带，“夫人之有心，莫不有知觉，既有知觉，不能不动而为情。外物触其情而交焉，则不能不流，流而不息，莫知所止，不能反躬，天理灭矣”②，这便是白沙所担心而言之“不累于耳目”的原因。因此，不能将心仅就作为“知觉”的官能去理解，而必须将其与理打通，而成一恒“知觉—理”的结构，“夫心非独知觉而已也，知觉而察知天理焉，乃为心之全体。

---

① 湛若水撰，黄明同主编，郭海鹰整理：《自然堂铭》，《湛若水全集》第二十一册，上海古籍出版社2020年版，第18页。

② 湛若水撰，黄明同主编，刘兴邦整理：《复王宜学内翰》，《湛若水全集》第二十一册，上海古籍出版社2020年版，第235页。

今言心而但以知觉，乃谓不可有所见”[1]。这实际上说明江门学派通过诉诸一个公共性的天理而试图摆脱“小我”之私，最终而得“天机活泼”“鸢飞鱼跃”之自然境界。

二、自得忘言

思想观念必须通过一定形式表达，言诠是一种重要方式，著书立说的目的就在于此。江门诸子认为学者学问能否自得与对待言诠的态度直接相关，林光曾有书信与白沙讨论到这一问题：

> 光因以平日下手工夫告之，向上层盖亦难言，须其自得也，若友外不欲呶呶矣。恒切思之，一语一默似细也，少或苟焉，诚不立矣。守吾默默，时而应之，庶乎弗畔，况于有倡斯和，万汇莫逃。顾吾畜之不茂，且安敢以望人者终责于人乎？孔子曰：“可与之言而不与之言，失人；不可与之言而与之言，失言。”孟子所愿学者，孔子也。孟子曰：“士未可以言而言，是以言餂之也；可以言而不言，是以不言餂之也，是皆穿窬之类也。”失言失人，不知者也；以

① 湛若水撰，黄明同主编，刘兴邦整理：《与吉安二守潘黄门》，《湛若水全集》第二十一册，上海古籍出版社2020年版，第313页。

> 言餂，不以言餂，则有意矣。孟子遂同其罪于穿窬，无细可遗矣。又曰："人能充无空穿之心而义不可胜用也。"无大可过矣。君子语大，天下莫能载；语小，天下莫能破。孟子盖有所受矣，故其学细则严于毫芒，大则塞乎天地，舒卷开辟，如如自得。修辞立诚，精而密也，久而熟也。前辈谓学孟子无所依据，奚而不可？患不善学耳。谬见如此，未审以为何如。[①]

言的问题在林光这里不只是一个表达思想的问题，他引孔孟"可言不可言""失言失人"的问题进来讨论，它是跟修德联系在一起的，是"久而熟"的操练问题。所以，言的表达既是一个知识传授的问题，更是道德工夫问题，通过言可以知人辨人。对于言的这两种功能，甘泉弟子吕景蒙讲："太上忘言，方其浑然未发之时，而六经、孔、孟之文已具，至于六经垂训之后，殆若日星丽天，而天下之理备矣。"[②]当天地浑然未发的时候，"道"已然在了，而经典、文字或语言是后来圣人用来启发人以言天下之理的，这些只是"术"罢了。因此为学必须抓住其头脑，直接"得道"。因此，言作为道德修身的功能无疑是

① 林光：《奉陈石斋先生书》，《南川冰蘖全集》，第102—103页。

② 湛若水撰，黄明同主编，郭海鹰整理：《新泉问辨录》，《湛若水全集》第十三册，上海古籍出版社2020年版，第10页。

更根本的。

白沙在指点张诩时强调："道也者，自我得之，自我言之，可也。不然，辞愈多而道愈窒，徒以乱人也，君子奚取焉？仆于义理之原，窥见仿佛，及操存处，大略如此，不知是否。"[①]为何只"窥见仿佛""大略如此"，为什么会"辞愈多而道愈窒"？而又为什么有可与语者，有不可语者。这里实际上涉及对语言限度的理解，陈献章讲道：

> 或曰："道可状乎？"曰："不可。此理妙不可言，道至于可言，则已涉乎粗迹矣。""何以知之？"曰："以吾知之。吾或有得焉，心得而存之，口不可得而言之。"[②]

道可不可状，理容不容言？白沙这里有两层担忧。第一层是"道至于可言，则已涉乎粗迹"，当我们试图用言语去把握"道"（或者说天理）的时候，它容易使学者偏滞在"道"的某一层面，而无法对道有全面体察。这是从言诠本身的局限性来讲，即白沙向李承箕所讲的对"通塞

---

① 陈献章：《复张东白内翰》，《陈献章集》上册，第131—132页。

② 陈献章：《论前辈言铢视轩冕尘视金玉（下）》，《陈献章集》上册，第56页。

往来之机，生生化化之妙”的认识并不是我们的见闻能够把握的，它是现象背后的本体，言语无法准确全面把握。曾有学者向湛若水问道，甘泉试图通过“道一物”之间的关系来把握“道”，但让问者困惑的是，三问而甘泉有三答，一曰“于物物而求之”，二曰“合物物而求之”，三曰“于物物之中，合物物之中而求之”，这三种回答是从“道之小”“道之大”与“道之中”三维度进行指点[①]。一方面是由于“道一物”关系的复杂性，但另一方面在于语言能指功能有限度，无法言其全体。第二层是“以吾知之，吾或有得焉”，“或”字用得好，这与“窥见仿佛”“大略如此”是一致的，于此处白沙看到了精神交互的困难。如何从道中而有所得？必须以心得之。依上言，人之本心知觉能力作为人的先天结构来讲，是具有普在性的，但是知觉并不只是一个空空的形式，它必须要有内容，所谓“恒知而恒觉”[②]，而其内容必须从“日用间种种应酬”之间体察天理而得，但是不同人的日用间种种应酬又有其私己性与境遇性，我们无法确定自己体察到的“道理”对别人来讲是否有效。

正因为言诠的有限性，江门诸子亦强调自得之学须

① 湛若水撰，黄明同主编，郭海鹰整理：《樵语》，《湛若水全集》第十二册，上海古籍出版社2020年版，第10页。

② 湛若水撰，黄明同主编，黄明同整理：《新泉问辨续录》，《湛若水全集》第十三册，上海古籍出版社2020年版，第218页。

忘言，蒋信更以“忘言默识”来指认江门学脉，他是这样说的：

> （甘泉）先生之学受之白沙陈先生，白沙先生奋起于濂、洛寖微之后，尽扫支离，忘言默识，盖以还洙、泗之源也。先生顾犹事于图与言哉？不得已焉耳也。夫自白沙先生之忘言默识也，世儒不已有疑为禅者乎？自先生之以随处体认天理为教也，世儒不已有疑为外者乎？以随处体认天理为外，则必遗形色而语天性，外日用而谈空虚，不至于寂灭猖狂弗已也。以忘言默识为禅，则必舍本根而求之枝叶，忽尽心知性知天而索之影响，终身由之而不知者，天下皆是矣。先生其容无是编也哉！且夫兹学也，非白沙先生之学，乃尧、舜、禹、汤、文、武、周公、孔子之学，孟子私淑得之，周子、程子与白沙先生旷千百年以忘言悟之者也。[①]

江门学派的学问上承孔孟周程，但是这种“传承”是以“忘言”的方式体悟到的。这是因为言诠的限度可能造成歧义而无法实现“以言传之”的目的，蒋信就讲到白沙

① 蒋信：《心性书序》，《甘泉先生续编大全》卷三十一，嘉靖三十四年刻，万历二十三年修补本。

倡导默识静养工夫，却被误会为禅宗，而当甘泉以随处体认天理工夫试图为江门正名时，却又被误会为向外求取的支离之学。也即，无论通过“图”与“言”（二者皆是符号）来表述学问宗旨思想，都可能只是执“道”之一端，落于旁支，都是不得已而作。湛若水曾将道与言区分为三种类型：

> 太上贵道而忘言，其次贵事而几言，其次贵言而极言。极言非世之福也。大道之世，羲、农、轩辕，浑浑尔，沌沌尔。其君臣相忘于道，如鱼相忘于水，故不言而信，不辩而理。至德之世，唐、虞荡荡尔，夏、商、周穆穆尔。其君臣相顺于事，若决河，若转环。言出而都俞，丕应而徯志。道德之衰，叔季之世，谔谔尔，蹇蹇尔。其君臣相疑于言，龙逢碎首，比干剖心，嵇生血衣，朱云折槛，相死相败于极言。是故大易纳牖遇巷，礼不显谏，事君务几谏而薄犯颜，孔子从讽谏，左师回太后，孟子不言于齐王而攻邪心，魏征愿良臣，程伯淳不用文字而感以诚意。诸圣贤者，果贵极言耶？几言耶？明诤显谏耶？潜消默夺于冥冥之中，期致斯世于大道，而相与忘言耶？[1]

---

① 湛若水撰，黄明同主编，汪廷奎、刘路生整理：《赠黄门林君舜卿考满入京序》，《湛若水全集》第十六册，上海古籍出版社2020年版，第196页。

这篇文献主要讲"道"中的"政道"。他将政道分为三个层级——"太上贵道而忘言，其次贵事而几言，其次贵言而极言"，而它们的优劣次序是与言的多寡直接相关的。我们看他讲政治最清明的状态是"君臣相忘于道，如鱼相忘于水"，从这里的描述我们很明确，"相忘"是因为"一体"，即像鱼跟水的关系一样融洽又不自觉有隔阂，此时君臣的关系"不言而信，不辩而理"。在甘泉看来，只有忘言才能得天地万物一体之道，因此言不应作为"技术"的言辞，而是以言印心，而以心证言，所谓"对之已忘言，得意本无作"①，最关键是得意忘言。"忘言是忘我"②，因此在工夫上是有不同步骤的，"优游自足无外慕，嗒乎若忘，在身忘身，在事忘事，在家忘家，在天下忘天下"③。

言诠的限度让选择思想表达的体裁显得更加重要，陈献章认为诗歌可以更好表达自己的思想，他在与张诩讨论诗歌创作时曾如此讲道：

承示诸作，骤看似胜前，细看词调欠古，无优柔

---

① 湛若水：《雨中赴杨鸥溪饮清凉山题石壁名果》，《泉翁大全集》卷四十二，嘉靖十九年刻，万历二十一年修补本。

② 湛若水：《雨登茅山上宫遂宿道院二首》，《泉翁大全集》卷四十三，嘉靖十九年刻，万历二十一年修补本。

③ 陈献章：《送李世卿还嘉鱼序》，《陈献章集》上册，第15—16页。

自得忘言之妙。看来诗真是难作。其间起复、往来、脉络、缓急、浮沉，当理会处一一要到，非但直说出本意而已。此亦诗之至难，前此未易语也。文字亦然。古文字好者，都不见安排之迹，一似信口说出，自然妙也。其间体制非一，然本于自然不安排者，便觉好。如柳子厚比韩退之不及，只为太安排也。据拙见如此，不审然否？世卿修志邑中，近方下手，其行恐在冬春之间，厓山之游不遂约。秉常早晚可得一会否？近稿颇有之，倦不多录，俟续寄。[①]

一开头白沙便说“看来诗真是难作”，又评张诩近作之诗“词调欠古”。诗难作不在它的音律及对仗上，那都是套路，徒弄精神而已。白沙直言作诗不应只关注诗的“起复、往来、脉络、缓急、浮沉”，如果太刻意雕刻，工于作诗的技巧（机巧），那么就“太过安排”，不够“优柔自得”了。在白沙看来，好的诗作必须是“不见安排之迹，一似信口说出”，工于诗律（安排）正是“不古”的表现。白沙亦曾劝湛若水学诗应世，甘泉讲要学古体诗，不学唐宋以来的近体诗，“唐宋以降，人作近体律诗，非惟虚费精神，工作对偶，又去三百篇愈远矣。水其

---

① 陈献章：《与张廷实主事（九）》，《陈献章集》上册，第163页。

作古选体乎！犹为近之”[①]。白沙肯定甘泉的想法，但也直言学作古体诗更难。而难在哪里？难在“古淡”二字。白沙对“诗作之古淡”作了一番解释：

> 翁曰：“可也，然愈难矣。窃惟难者，难于古淡乎！诗者心之声也，古淡之声，由心之古淡为之也。古则凡近之心释，读之者亦释；淡则躁妄之心平，读之者亦平。同声相应，同气相求。夫心也、气也、声也，一也。是故作诗者，气如其心，声如其气；诵诗者因声以感气，因气以得心。千万世之远，诵其诗者可知其人，故诗可以兴，可以观，可以群，可以怨。不可以兴观群怨，不足以言诗，比之俳优学人言语，乌足以动人哉？何以知其人哉？为古体者，非特词气之古淡，心亦古淡焉。服尧之服，诵尧之言，行尧之行，久之亦尧而已矣；服桀之服，言桀之言，行桀之行，久之亦桀而已矣。可不慎择哉！[②]

白沙的诗论有很强的心学特色，他认为“诗者心之声”，这与传统诗论“诗以言志”“诗以言情”细辨之下

---

① 湛若水撰，黄明同主编，汪廷奎、刘路生整理：《精选古体诗自序》，《湛若水全集》第十六册，上海古籍出版社2020年版，第361页。

② 湛若水撰，黄明同主编，汪廷奎、刘路生整理：《精选古体诗自序》，《湛若水全集》第十六册，上海古籍出版社2020年版，第361—362页。

还是有不同。他从“心一本体”的高度立论，将“心一气一声”三者统一起来，认为这是同声相应、同气相求。所以，“志”与“情”实际上是“心”之所发，所以诗是可以“兴观群怨”的，这便以诗为工夫。诗之古淡是由古淡之心而发。古与今相对，甘泉在解释《论语》“古之学者为己，今之学者为人”一句从“一体”与“支离”的角度切入，“古之学者出乎一，今之学者出乎二。二则离，离则支，支离之患兴，而道之所以不明不行也”[①]。因此，诵古诗则凡近支离之心消释，而复归天地万物一体之心，“服尧之服，诵尧之言，行尧之行，久之亦尧而已”，作古诗成了成圣成贤的下手工夫。但毕竟太难，如何做？甘泉对白沙的作诗法有一个论讲：

> 夫先生诗文之自然，岂徒然哉？盖其自然之文言，生于自然之心胸；自然之心胸，生于自然之学术。自然之学术，在于勿忘勿助之间，如日月之照，如云之行，如水之流，如天芭之发，红者自红，白者自白，形者自形，色者自色。孰安排是？孰作为是？是谓自然。[②]

① 湛若水撰，黄明同主编，刘兴邦整理：《与汤民悦》，《湛若水全集》第二十一册，上海古籍出版社2020年版，第232页。

② 湛若水撰，黄明同主编，汪廷奎、刘路生整理：《重刻白沙先生诗集序》，《湛若水全集》第十六册，上海古籍出版社2020年版，第353—354页。

湛若水认为白沙作诗的原则是出于“自然”，这即上文白沙示张诩“一似信口说出，自然妙也”。“信口说出”看似随意，但正合自然。古体诗不像唐宋以降近体诗以工为事。所以它的诗章结构、音律平仄并不成体系化，其篇章的逻辑性也没那么强，这种松散的结构较之体系化的哲学语言似乎更能把握天道的这种生生化化——它行云流水、形者自形、色者自色，不是也不需人为建构。最后，诗由心作，合适的思想形式还必须恰当的创作主体，故养心尤为重要。在白沙看来，养古淡之心的办法在勿忘勿助之间，便能不事安排。

三、自得与自悟

在江门学派那里，学问的类型至少可以分为两种，“夫学有由积累而至者，有不由积累而至者；有可以言传者，有不可以言传者。夫道至无而动，至近而神，故藏而后发，形而斯存。大抵由积累而至者，可以言传也；不由积累而至者，不可以言传也”①。白沙虽然区分了“由积累而至”与“不由积累而至”之学，但并不意味着他不注重积累而至之学。

当湖北嘉鱼李承箕来新会，白沙与之讲学论道：

① 陈献章：《复张东白内翰》，《陈献章集》上册，第131—132页。

> 余皆在白沙，朝夕与论名理，凡天地耳目所闻见，古今上下载籍所存，无所不语。所未语者，此心通塞往来之机，生生化化之妙，非见闻所及，将以待世卿深思而自得之，非敢有爱于言也。时时呼酒与世卿投壶共饮，必期于醉。醉则赋诗，或世卿唱予和之，或予唱而世卿和之，积凡百余篇，其言皆本于性情之真，非有意于世俗之赞毁。[①]

所谓积累而至之学当指耳目见闻之学，当然也包括一草一物之理，也包括如何孝亲敬长之理，这一些先贤先我们所悟而书之于典籍之中，白沙与承箕无所不谈。但白沙认为，真正关切自身道德生命的知识并不能通过讲论而得到，如果只是“著于见闻者不睹其真，而徒与我哓哓也”[②]，好辩却不愿意去穷究事物的真，这个“真”是端之于性情的真。在这种意义上，白沙示人以“不可言传”之学，实在不是为了以“秘传”来渲染其神秘性，而是示学者碌碌向外所作的纠偏救弊方法，因为那将终日穷索而无所得。

湛若水从程明道“存久自明，何待穷索”一语转换，

① 陈献章：《送李世卿还嘉鱼序》，《陈献章集》上册，第15—16页。

② 陈献章：《复张东白内翰》，《陈献章集》上册，第131—132页。

将白沙所讲“不由积累而至之学”与“由积累而至之学”发展成为“明睿之知”与“穷索之知”。[①]从整个宋明理学史来讲，朱熹是穷索之知的集大成者，“朱子格物穷理之功甚精，与程子之说何异？只程子主于涵养，朱子主于穷索”，但甘泉亦没有全然否定朱子，而是认为如果在穷索之中有本心的涵养作为主宰，那么学者也能“如手持足行而心志有定，二者工夫夹进，乃为得也”[②]。因此，白沙所讲“睹其真”之学无法通过见闻穷索、“呶呶之辩”而得到，而必须通过学者自己“深思而自得”，故白沙指点为学总是留有空间以让学者体会，“仆于义理之原，窥见仿佛，及操存处，大略如此”[③]，可算是江门一种教学特色。白沙甚至鼓励学生为学当疑，发挥自己的批判精神，他说“疑者，觉悟之机也。一番觉悟，一番长进，更无别法也”[④]，所谓小疑则小进，大疑则大疑。而蒋信将这种教学称为“圣人立教妙处”：“不指破者，俟人自悟自得，此圣人立教妙处也。”[⑤]湛若水亦保持师门这种启发性的教学方式，他在泗州讲《大学》之道的“三纲八目”时，就

---

① 湛若水撰，黄明同主编，宁新昌整理：《新论》，《湛若水全集》第十二册，上海古籍出版社2020年版，第44页。

② 湛若水撰，黄明同主编，刘兴邦整理：《知新后语》，《湛若水全集》第十二册，上海古籍出版社2020年版，第119页。

③ 陈献章：《复张东白内翰》，《陈献章集》上册，第132页。

④ 陈献章：《白沙学案上》，《明儒学案》卷五，第86页。

⑤ 蒋信：《复刘初泉督学》，《蒋道林文萃》卷八，第219页。

指出学者读之听之，必须通过做切己身的省思，强调为学者的精神命脉在于自悟自得：

凡圣贤之言，句句皆心中的话，句句皆是切己道理。此一章就是圣人心学工夫，尔诸生读之听之，须是切己思省，精神命脉皆在于此。豁然有悟，非但悟圣人之心，便是自悟尔本心。悟得尔本心，即自得尔天理。即便如此存存不舍，终日乾乾，涵养将去，久则有诸己，便是谓之信。由是充实便是谓之美，充实而有光辉便是谓之大，大而化之便是谓之圣，圣而不可知，则不可言。到了圣人还是这元初天地人同然之心，更无别心。若读书不求自得其心，而以记诵为词章，谋利禄之计，这个心便是穿窬之心，与天地之心不相似矣。夫人与天地同心同体，参赞位育，与天地配，而乃至于自弃自暴，至于穿窬为伍，岂不可哀哉！尔诸生当自勇猛思省，当自决择，勿以予言为迂。予以与诸生，即有同体之爱，欲立欲达之心，故不觉其言之切也。①

圣贤在经典中的述都是切己自得之理，所以我们在

① 湛若水撰，黄明同主编，宁新昌整理：《泗州两学讲章》，《湛若水全集》第十二册，上海古籍出版社2020年版，第258页。

阅读的时候也应该基于自己的生活与学习的经历做切己的思考，这样才能豁然有所体悟。甘泉自己的学思历程也可与此印证。他二十九岁时往学江门，白沙授之以程子之书，尽管他沉潜于此，但依然得不到入学的门径，后来归增城甘泉都日野精思，最终才有所得悟："今日天理二字，实是元初予自悟得，可念二三十年未得了手。初从白沙先生，归甘泉半年，有悟处，致书请问先生。"[①]所以，读书有悟，不是去悟前人的心，而是要自悟自己的本心，也就是"此心通塞往来之机，生生化化之妙"，要去体悟到天地万物一体不容已之本体境界。一切工夫的标准是"心"，如果读书不是去求取涵养自己的本心，而是以"记诵为词章，谋利禄之计"，则完全是对本心本性的自暴自弃。但甘泉认为，为学要真正自得，自悟只是一个起点，但不是终点，它必须做工夫来充实这一自悟，否则只是一空空景象，所以"天理"二字虽青年时期已经悟得，但"二三十年未得了手"，求学之道多难啊！当然，持守所悟之得坚持做工夫，终日乾乾，日复一日，也是自得。但为学无论"久而有信"—"充实而美"—"光辉而大"—"万化而圣"，其起点皆是由见闻不得及、不可语的自悟自得。甘泉后学洪垣也强调"忘见而悟入"是修自

① 湛若水撰，黄明同主编，郭海鹰整理：《新泉问辨录》，《湛若水全集》第十三册，上海古籍出版社2020年版，第69页。

得之学的起点，并非有其他路径可以寻觅，所谓“夫性始诸见，忘见则悟入而修，修则悟极，而后能自得，非有路径可寻也”[①]。因此，终其一生不能自悟的人，只不过是一个迷失于学林荆棘路的人，只会越走越远，“君其深自猛省，无使失其中正之门，愈趋愈远，终其身而不自悟，徒为失路之人，为有识者所悲也”[②]。

关于以自悟来解自得，在江门后学中亦有同样共识，其中何吉阳所论颇多，他甚至将孔孟以降儒家的学统归之于“忘悟而自得”：“孔氏之门，其以悟进乎圣人，莫如颜回，然其言曰：‘回忘仁义矣’，既而曰：‘回忘坐矣’。忘也者悟焉，而自得之谓也，而其所以悟，必于其仁义礼乐焉斋于心，而后得之。”[③]不过，自悟并非空悟，而必须通过仁义礼乐这些“显德”而实现。进一步的，何迁强调，如果不能自悟，只能陷入内外支离之蔽而无法进入圣学之域：“圣人之道极于微，而其为教也因于显，于此有几焉，存乎悟而已矣。故悟也者，所以由显而通于微之终也，致其悟者，所以离其教之弊而成其道之终也。学

① 洪垣：《觉山先生绪言》卷一，明万历刻本，见《续修四库全书》子部一千一百二四册，第66页。

② 湛若水撰，黄明同主编，宁新昌整理：《南昌讲章》，《湛若水全集》第十二册，上海古籍出版社2020年版，第274页。

③ 何迁：《赠鹿园万君还越序》，《吉阳山房摘稿》卷八，明万历三十八年张元冲等刻本，第944页。

焉而不至于悟，则内外之见蔽，内外之见蔽而□下学之始无以进于圣人。”[①]更进一步，这种自悟自得之学，林光称之为有自然之味：

> 今之自策，亦欲不迫以求之，和裕以养之，稽之圣经以广洽之。其不有于心也，宁早夜展转而精绎之，不敢涉其纷纷之注说，驳杂而支离之。至于一事之不苟，一念之不忽，尘积而滴贮，日思而夜继，亦乾乾矣。然终不能不间断，此所以心闻命而愧惧交也。虽然，亦终吾身而已矣。天命之理流行而不已者，日参倚在前，有目者能尽见之乎？故养之不周而欲区区于论辨，亦训解焉而已耳；见之不明而欲自试于众务，亦亿逆焉而已耳。如是而学，必日在口耳私意中也，其于性命之理，盖日相远，况能自得而至于沛然之境乎？无自然之味，欲独强其心而求前，亦气使之耳，久能无变乎？孟子之言曰：“君子深造以道，欲其自得之也。”孔子之言曰：“予欲无言。”意何深也！故光虽乾乾于函丈，而亦不能苟造于函丈者，盖尝默默然而屡省于此耳……[②]

① 何迁：《赠鹿园万君还越序》，《吉阳山房摘稿》卷八，明万历三十八年张元冲等刻本，第944页。

② 林光：《奉陈石斋先生书》，《南川冰蘖全集》，第101—102页。

“味”本来是一种感觉能力，如咸苦酸辛甘五味，老子有“五味令人口爽”一说，而用“味”来表达思想（有味）、读书（玩味）与修身（体味）则是中国人独特的思维方式。林光这里的“自然之味”颇有一种悠然自适的感觉，“不迫求之”“和裕养之”，以这种方式与经典优润洽和。自然之味需有自然之心为之挺立，有心才能去体味天理之流行不已，这不是靠感官就能把握的。如果想通过“辩论”“训解”来学，只能陷入口耳私意而不能自拔，所学便无味了，一如甘泉弟子王德征所讲：“庆谓易有太极一章，夫子之至言也。推而要乎其旨，周易尽在是矣。然而读者诵言忘味，容有溺而弗察，混而弗别，吾恐仲尼赞易之初意不明于天下后世也，小子所以质诸门下也。”[①] 以文字支离道，反是精细而无味了，“一一分属，及一一分天道人道，恐无意味”[②]，“说得太精，反见无味”[③]。有自然之味则不当言说，所谓“四时行焉，百物生焉，天何言哉”，只需引导学者根据自己的境遇情况自己去思考体会，所谓因人而施，因人而药，甘泉学生方瓘便讲得好：

---

① 湛若水撰，黄明同主编，刘兴邦整理：《答王德征易问》，《湛若水全集》第二十一册，上海古籍出版社2020年版，第323页。

② 湛若水撰，黄明同主编，刘兴邦整理：《知新后语》，《湛若水全集》第十二册，上海古籍出版社2020年版，第120页。

③ 湛若水撰，黄明同主编，刘兴邦整理：《知新后语》，《湛若水全集》第十二册，上海古籍出版社2020年版，第109页。

> 近来见有学者专事言语，不分有志无志，强聒不舍，自以为视人一体，引进后学，正是良知真切去处。而不知言由中出，不容安排，才涉言语，便是心放，况任意烦渎而不知止乎！且功夫到何田地，见识有何浅深，必须审其实落而后与之商榷，自然因人而施，轻重疾徐，各当其可而亲切有味。今乃不分精深粗浅，一齐说尽，更不使人往返商榷。无所见者已不能领悟，有所见者又不能曲尽彼此丽泽之情，竟何益乎？且本体精灵，无物不体，而人己之间尚不能流通，其所蕴可知矣。良知之体，果若是其逐物而忘本耶？是盖以知觉为良，而不知溥博渊泉之体，莹彻宇宙，有天机自然流通之为良也。[①]

湛若水称赞方瓘讲言语之道讲得特别好。人的工夫、见识各有深浅，讲论者不能以学习者为中心，只讲自己所见所思“一齐说尽”不留空间，最终自然没有亲切味。所以，为学者自得以味，是必须像我们日常食物一样经过自己的咀嚼方能知味，甜酸苦辣、冷暖自知。甘泉后学唐枢对此心有戚戚然，所以，他惯于用穿衣吃饭之道来指点此自得玩味之学，何其平实：“若说下手，便只有自家知道。如吃饭一般，该多该少，他人不得而与，须到多不贪

① 湛若水撰，黄明同主编，黄明同整理：《新泉问辨续录》，《湛若水全集》第十三册，上海古籍出版社2020年版，第119页。

饕、少不故意却好才是。”[1]“世间人都不肯挺然自做人，都是吃别人饭，穿别人衣，说别人话，行别人事，客作自主，翻覆乾坤。”[2]学者为学当挺起胸膛自做人。

① 唐枢：《一庵杂问录》，明万历绣水沈氏刻宝颜堂秘笈本，《四库全书存目丛书》子部第八十四册，第377页。

② 唐枢：《景行馆论·论习心》，《木钟台集》卷二，第463页。

第二节　自然工夫

自然在江门诸子这里是充满生机的天地宇宙“自己如此”“本来样子”的意思，拒绝任何人为安排和干涉，它贯穿在日用之间，陈献章讲“出处语默，咸率乎自然”[①]。对于自然工夫，明道多有讲论，如他说：“识得此理，以敬诚存之而已，不须防检，不须穷索。若心懈，则有防，心苟不懈，何防之有？理有未得，故须穷索。存久自明，安待穷索？”[②]“不须防检”“不须穷索”看起来是“不事”工夫，但并非不做工夫，从心“懈”与“不懈”的论述中便可看出。心“不懈”是讲心终日乾乾，只不过心的“活机”是通过存养而得，只是不以博闻强记的知解来获

① 陈献章：《与顺德吴明府（三）》，《陈献章集》上册，第209页。

② 程颢，程颐：《河南程氏遗书》卷二上，《二程集》，第16—17页。

得。程明道的这种自然洒脱工夫对江门学派影响颇大，陈献章有诗赋如下："进到鸢飞鱼跃处，正当随柳傍花时。今人不见程明道，只把《中庸》话子思。"[①]白沙诗中"随花傍柳"一词化自明道《春日偶成》诗句"云淡风轻近午天，傍花随柳问前川"，诗中极赞许明道对"鸢飞鱼跃"自然工夫境界的贡献。

一、色色信他本来

"色色信他本来"是陈献章在写信回复林光向他汇报修习心得时提出的。"信"是自信；"本来"是本来如是，它含有自然而然的意思，强调为学者要对自己本心本然具有的内在力量有所自信。我们先来看林光的信中是怎么说的：

> 辛卯二月二十八日，门生林光顿首奉书石斋先生函丈：光资质愚鲁，凡百非自己心得，辄不敢轻信。元来四方上下，往古来今，直是这个充塞周洽，无些小欠缺，无毫发间断，无人我大小远近，如一团冰相似，都滚作一块，又各各饱满，无不相干涉者。前辈谓"尧舜事业亦是一点浮云过目"，往时耳虽闻而心实未信，今始知其果不我欺。深山清夜，一语秉

① 陈献章：《次韵姜仁夫留别（九）》，《陈献章集》下册，第647页。

之，渠谓如此方推得去。光妄谓：此处着不得一个推字。实见得，则所谓“充塞天地之间”，所谓“天地位、万物育”，所谓“建诸天地而不悖，质诸鬼神而无疑，百世以俟圣人而不惑”，所谓“至诚而不动者，未之有也”，所谓“洋洋乎如在其上，如在其左右”，与夫高宗梦说之事、朝闻夕死之说，方各各有着落处。曾点三三两两，真个好则。剧看来，自家多少快活，何必劳劳攘攘？都不是这个本色。千古惟有孟子勿忘勿助之说，最是不犯手段也。每蒙函丈乾乾，故不敢默默，辄又渎听，然亦终不能以不默默也。乞印正其谬。光再拜。①

这里林光所论说的结构是从“本体—工夫”入手，他认为最好的工夫是自然工夫，所谓“自家多少快活，何必劳劳攘攘”，根本不需要人为发力，而是自然而然，而这其中只有孟子勿忘勿助之说，才是最自然的工夫。而学者这种自然工夫根源于本体自然，林光这里讲“自然”有两层含义：一是浑沌，所谓“一团冰相似”“滚作一块”；二是自是如此、各自如此，所谓“各各饱满”“无不干涉”。正是本体如此，学者做工夫，不容得着一个“推”字。白沙收到林光这封来信非常高兴，很快就回了一封信：

---

① 林光：《奉陈石斋先生书》，《南川冰蘖全集》，第102—103页。

昨晚得缉熙二月二十八日手书，承谕道学所见，甚是超脱、甚是完全。病卧在床，忽得此纸，读之慰喜无量，自不觉呻吟之去体也。终日乾乾，只是收拾此而已。此理干涉甚大，无有内外，无有先后，无一处不到，无一息不运。会此，则天地我立，万化我出，而宇宙在我矣。得此霸柄入手，更有何事？往古来今，四方上下，都一齐穿纽、一齐收拾。随时随处，无不是这个充塞，色色信他本来，何用尔脚劳手攘。舞雩三三两两，正在勿忘勿助之间。曾点些儿活计，被孟子一口打拼出来，都是鸢飞鱼跃。若无孟子功夫，骤而语之以曾点见趣，一似说梦。会得，虽尧舜事业，也只如一点浮云过目，安事乎推？此理包罗上下，贯彻终始，滚作一片，都无分别，都无尽藏故也。自兹以往，更有分殊处，合要理会，毫分缕析，义理尽无穷，工夫尽无穷。书中所云，乃其体统该括也。病中还答不周，言多未莹，乞以意会。前此所论，“天命之理”以下数段，亦甚精到有味，愧不时复。草席、香各领，感感。辛卯四月十一日。[1]

当时白沙正病卧在床，收到林光来信喜不胜收，他

① 陈献章：《与林郡博（七）》，《陈献章集》上册，第216—217页。

对林光此信所见十分肯定，赞其“所见甚是超脱、甚是完全”。白沙整个论说深契孟子“万物皆备于我”之说，认为理会得此理，自然“天地我立，万化我出，而宇宙在我”。而这个工夫的特点在于“自信”，色色信他本来，在勿忘勿助之间存养，那么必不会“脚劳手攘”，而能从容不迫。这里，白沙关于工夫与境界关系的论说颇值得关注。他虽然重视“鸢飞鱼跃”之境界，但是认为如果没有孟子的下手工夫，那么所谓曾点气象只能是一个虚空梦境罢了。但是，如果能够掌握这一“霸柄”的话，那么自然在日用常行之应对中，随时随处无非此心此理之自然流行，这与后甘泉随处体认天理有相应合之处。而要“色色信他”，则必须立大本，挺立本心，不然只能务小丧大，所谓“文章、功业、气节，果皆自吾涵养中来，三者皆实学也。惟大本不立，徒以三者自名，所务者小，所丧者大，虽有闻于世，亦其才之过人耳，其志不足称也”，所以，学者应当以此而辨志、立志，“使心常在内，到见理明后，自然成就得大”。[1]白沙认为，只要常使此心在，常使此心沛然自信，不要讲文章、功业、气节这些了，就算是尧舜的事业又算得了什么，只不过是一点浮云而已。

---

① 陈献章：《书漫笔后》，《陈献章集》上册，第66页。

二、不容一物

禅宗惠能六祖有偈“本来无一物，何处惹尘埃”，或许是同处岭南之故，江门学派在指称“色色信他本来”之心体工夫时也有类似讲法，白沙讲“自得不须言有命，太虚元只是无心”①。当然，“无心”并不是从实存意义上讲，黄宗羲《明儒学案》对白沙授人之道的描述中涉及这一点：

> 先生教人，其初必令静坐，以养其善端。尝曰：“人所以学者，欲闻道也，求之书籍而弗得，则求之吾心可也，恶累于外哉。此事定要觑破，若觑不破，虽日从事于学，亦为人耳。斯理识得为己者信之，诗文末习，著述等路头，一齐塞断，一齐扫去，毋令半点芥蒂于胸中，然后善端可养，静可能也。始终一境，勿助勿忘，气象将日佳，造诣将日深，所谓至近而神，百姓日用而不知者，自此迸出面目来也。”②

在这段文献中，白沙教人静养善端，这是他最为人熟

---

① 陈献章：《次韵吴县博见寄》，《陈献章集》下册，第490—491页。

② 陈献章：《白沙学案》下，《明儒学案》卷六，第106页。

知的工夫。这个“端”是端绪，它是怎么呈露出来的呢？白沙认为学者想要闻道，“求之书籍而弗得，则求之吾心可也”，“弗得”“则”“可也”这三个词可细加玩味。“则”是转折、让步，这是他自己的求道历程，当然也是时人一般的求学次第。他认为要悟得“求之吾心”，否则即使终日乾乾，终日向学，也只是做给人看而已。紧接着，白沙讲要“诗文末习，著述等路头，一齐塞断，一齐扫去，毋令半点芥蒂于胸中”，“芥蒂”是“诗文”“著述”滞留在心中，而堵塞心中的生机，只有一齐扫去，为善的力量才能如种子萌动破土而出，他说：“人心上容留一物不得，才着一物，则有碍。且如功业要做，固是美事，若心心念念只在功业上，此心便不广大，便是有累之心。”①因此，治心之学，不可把捉得太紧，如果心心念念都着落在功名利禄上，那么心便“失了元初体段”②，不能见理，自不广大了。后来冯从吾更直接将理解释为“不容一物”：“人心至虚，不容一物处，就是理。异端之所谓理，误指物而言，吾儒之所谓理，正指不容一物者而言耳。”③而在扫去一切芥蒂而善端萌发之后，就需要下勿忘勿助工夫，坚持下去则境界气象自然不同。

---

① 陈献章：《白沙学案上》，《明儒学案》卷五，第85页。
② 陈献章：《白沙学案上》，《明儒学案》卷五，第88页。
③ 冯从吾：《甘泉学案五》，《明儒学案》卷四十一，第989页。

三、勿忘勿助之间

"勿忘勿助"一词典出《孟子·公孙丑》篇："必有事焉而勿正，心勿忘，勿助长也。"仅从字面意思来看，它是指在道德涵养的过程中，心不要遗失，也不要去助长它。在江门诸子中，尽管对勿忘勿助的阐发或各有偏重，但是对这一工夫话头的持守与发展是学派的共识，如吕钦讲"今者屡承开示，潜玩久之，乃知此理充塞天地，贯彻古今，无处不有，无时不然，事事物物各有本然之理，吾人何必劳攘？勿忘勿助，循其所谓本然者而已"[①]，甘泉后学吕怀亦有"此气流行，生生不息，是吾之本心也，义与心俱，何以待集？盖忘助间之耳。忘助人也，勿忘勿助则义集，人欲泯而天理流行矣"[②]。冯从吾则将《孟子·告子》"操舍存亡"与勿忘勿助联系起来诠释而讲："勿忘勿助，都是在操守上说，有事是操处，勿忘勿助，是操之妙处。"[③]

湛若水自游学白沙门下，勿忘勿助便是他一生持守的工夫，他说："自初拜门下，亲领尊训，至言勿忘勿助之

① 贺钦：《简石斋（六）》，《医闾集》，《四明丛书》，第十二册。

② 吕怀：《答曾廓斋》，《甘泉学案二》，《明儒学案》卷三十八，第912页。

③ 冯从吾：《甘泉学案五》，《明儒学案》卷四十一，第992页。

旨，而发之以无在无不在之要，归而求之，以是持循。”[①]从这里可看到，对勿忘勿助要旨的理解，应与“无在无不在”联系起来看，所以“之间”二字是理解江门学派这一工夫论说的关键。甘泉在天泉书院为学生讲“尽心知性知天”一章时，对江门勿忘勿助宗旨有详尽论说：

> 心之本体本自广大、本自高明，惟有一分私欲、私意，则心体欠了一分，至于十分则全无了。故广大之体反为狭小，高明之体反为卑暗，而心非其心矣。欲尽之则何如？忘则失之不及，固不尽；助则失之过，亦不尽。惟勿忘勿助之间，中中正正，则广大高明之体完完全全，若明镜之刮垢，复其本体，光明圆满，无一毫翳缺处，而心可尽矣。心既尽，则其生理活泼泼地，跃如卓尔，参前倚衡，而性之本体自然呈露，非知性而何？夫心也、性也、天也，一体而无二者也，心尽而性见，性见而天不外是矣。天其有不知乎？夫学至知天，知之至矣。不过尽吾心焉，岂远乎哉！[②]

---

① 湛若水撰，黄明同主编，刘兴邦整理：《上白沙先生启略》，《湛若水全集》第二十一册，上海古籍出版社2020年版，第213页。

② 湛若水撰，黄明同主编，宁新昌整理：《天泉书堂讲章》，《湛若水全集》第十二册，上海古籍出版社2020年版，第278页。

湛若水认为“尽心知性知天”这一章是孟子在讲心学之法，而尽心存心是该章大头脑，知性知天应扣紧在“心”上。在湛若水的义理系统中，心是天地之心，是大心。这个本体之心本自广大、高明。“本自”即指自然，前讲心中不容一物，甘泉这里更将此“物”明确为物欲、私意。那么物欲如何发生？

> 夫物也者，邪也；欲也者，情之流也；接也者，交也，物交物也。夫人之有心，莫不有知觉，既有知觉，不能不动而为情。外物触其情而交焉，则不能不流，流而不息，莫知所止，不能反躬，天理灭矣。故不接也者，勿视、听、言、动之谓也。人之有形，不能无视、听、言、动也，在勿之而已。故终日酬应，而吾有主焉，故曰“不接”，非置其身心于无物之地，而后能静定也。[1]

心是气之精灵，故心不能不流通，它感物而发为情。但情有正与邪之分。情之正与邪的关键在于与物相交之后情所发有没有止于当止之地，如果没有的话，那么就会流于放荡。此时心体已与外物发生接触，所以工夫在于

① 湛若水撰，黄明同主编，刘兴邦整理：《复王宜学内翰》，《湛若水全集》第二十一册，上海古籍出版社2020年版，第235页。

“不接”二字，但是这种“不接”并不是要修习者摒弃与这些事物之间的联系，而是完全从规范的意义上来讲（勿之），强调身体各个部位之一张一弛、一举一动都要符合礼仪规范的要求（即天理的要求）。但在礼与非礼之间如何决断，实际上是需要有一个主宰（即心）来判断的。在这里我们有一个区分需要指出，即勿忘勿助与勿忘勿助之间是有不同的。勿忘勿助之间实际上是指在工夫中本体得以呈露，所以甘泉明确讲“惟勿忘勿助之间，中中正正，则广大高明之体完完全全，若明镜之刮垢，复其本体，光明圆满，无一毫翳缺处”，在这种意义上，这亦是“工夫到得勿忘勿助，即便是本体，那纯粹至善的头面便现出来”的“工夫—本体”[①]。

而作为工夫的勿忘勿助，甘泉又多用敬来解释它，他说：“勿忘勿助元只是说一个敬字，先儒未尝发出，所以不堕于忘，则堕于助，忘助皆非心之本体也。此是圣贤心学最精密处，不容一毫人力。故先师石翁又发出自然之说，至矣。圣人之所以为圣，亦不过自然如此。”[②]湛若水取程颐“主一之谓敬”，但关于敬的含义则完全作了改换，一方面，他用镜体喻敬体，他说“至敬无累，明鉴

① 蒋信：《楚中王门学案》，《明儒学案》卷二十八，第627页。

② 湛若水撰，黄明同主编，刘兴邦整理：《答聂文蔚侍御》，《湛若水全集》第二十一册，上海古籍出版社2020年版，第257页。

无蔽”[1]，所谓“无累”是指人的本体是不假人力，亦无需安排的，“勿忘勿助之间无所用力”[2]；另一方面，他认为必须将主一与无适连起来看，主一的“一”不是某一物，如果是主于某一物应该称之为“专”，但不能称之为“敬”：“滞于物，可以言专，不可以言敬，敬无滞也。敬者必专，专者未必敬，谓专为敬，何啻千里！”[3]因此，主一之谓敬是要心无一物：“所谓主一者，心本无一物，若有一物即非一矣。”[4]所以，湛若水亦将无一物之心称为“虚心”：“吾只有一虚心在耳，心虚而中见，犹心虚而占筮，神落意识，离虚体便涉成念之学，故予体认天理必以勿忘勿助自然为至。”[5]

如果学者不能处于“勿忘勿助之间”，那么我们的本心就被人为断成三截两截，便无法体知本心自然流通莹彻的意蕴，最终自以为自己的工夫洒脱超脱，但浑然不知道

---

① 湛若水撰，黄明同主编，郭海鹰整理：《樵语》，《湛若水全集》第十二册，上海古籍出版社2020年版，第8页。

② 湛若水撰，黄明同主编，郭海鹰整理：《雍语》，《湛若水全集》第十二册，上海古籍出版社2020年版，第61页。

③ 湛若水撰，黄明同主编，宁新昌整理：《新论》，《湛若水全集》第十二册，上海古籍出版社2020年版，第46页。

④ 湛若水撰，黄明同主编，刘兴邦整理：《答黄孟善》，《湛若水全集》第二十一册，上海古籍出版社2020年版，第280页。

⑤ 湛若水：《天关语通录》，《甘泉先生文集》卷二十三，康熙二十年刻本。

只是徒弄精神而已，甘泉门人方瓘讲得好，这便“失大公至正之本体矣，是不见夫勿忘勿助之间，而得乎本体自然流通之妙者也，是以陷于支离，手足痿痹而不自知也”[①]。

四、无言之教

无言之教典出《论语·阳货》篇：“子曰：‘予欲无言。’子贡曰：‘子如不言，则小子何述焉？’子曰：‘天何言哉？四时行焉，百物生焉。天何言哉？’”无言或不言是对天地的模仿，而要求学者自悟。江门学派尤重无言之教，这与他们为学自然的宗旨相关。陈献章有诗赋讲：“四时万物无非教，人傍梅花月傍轩。若道不关梅月事，宣尼何事欲无言？”[②]“四时万物无非教”，所以欲学者学以自得，他教林光要“默默守得住，言语才多便走了”[③]，所以林光也深得其精髓并作为教法：“无言夫子教当年，不道无言是妙传。千古路头须问讯，浮云消尽见青天。”[④]不道无言正是妙言，张诩更将其作为白沙学一贯之

---

① 湛若水撰，黄明同主编，黄明同整理：《新泉问辨续录》，《湛若水全集》第十三册，上海古籍出版社2020年版，第116页。

② 陈献章：《梅月，用庄定山韵（二）》，《陈献章集》下册，第660页。

③ 陈献章：《与林缉熙书（七）》，《陈献章集》下册，第971页。

④ 林光：《送诸生往杭州，时吴提学檄选诸生听讲（三）》，《南川冰蘖全集》卷九，第298页。

宗旨，“我白沙先生起于东南，倡道四十余年。多示人以无言之教，所以捄僭伪之弊，而长养夫真风也”[①]。

白沙之后，对无言之教多有贡献的是湛若水，他在晚年非常重视无言之教。他晚年更是以“默翁”自居：“树半遮帘，堂依曲树。习礼传道，天关佳处。默翁无言，南崖笃志。自古其难，师传相遇。遇不在言，禅神无意。流形天地，观象得心，亦复如是。”[②]师传相遇的关键不在“言”，而是在得“心之意”。甘泉重视无言之教，一方面是晚年身体力有不逮，另一方面更重要，是与他当时所处的政治环境与学术环境相关。明嘉靖十六年（1537年），由于惧怕私学的传播和盛行会对官方正统学说造成冲击，进而影响管控、统治，朝廷当局对民间传播心学的大量书院进行改毁，禁止讲学活动。湛若水是当时民间讲学活动的积极倡导者和推行者，其一生足迹所至之处必建书院以祀白沙。这一次政治运动对甘泉的打击无疑是巨大的，其门庭也日渐冷落，在给师友的书信中其心灰意冷之情绪常常在不经意间流露；加之，他此前太过勤于著述，而被师友批评其为学太过多言，并未下笃实的工夫。在这种情况下，甘泉非常渴望嘉靖帝能批准他早点致仕还乡，

---

① 张诩：《白沙遗言纂要序》，《东所先生文集》卷二，第109页。

② 湛若水：《自赞陈光禄所传侍坐真影》，《湛甘泉先生文集》卷二十一，万历七年刻本。

回归山林，在其间放空自己的身心。与此相应地，在学问工夫上，他便非常重视无言之教：

> 吾近年深体无言之教，盖学不在多言，多言，道之贼也，顾力行何如耳。所谓力行者，默坐澄心，天理自见也。夫子曰："予欲无言，四时行焉，百物生焉，天何言哉！"《易》曰："默而成之，不言而信，存乎德行。"德行者，力行之谓也。故不言者，孔门之本教也，其不能不言者，不得已也。故言之入也浅，无言之入也深。故予今不能一一答诸贤，而总以一言奉答者，亦不得已也。诸贤其求予于意，而勿求予于言可也。丁未十二月。[①]

在这篇文献中，湛若水将"无言之教"与"默识工夫"连起来讲。所谓默坐澄心便是默识，这里是讲无言之教要通过默识这一工夫得以实现。这里甘泉将无言之教置于孔门本教之地位，所谓"无言者，教之至也"[②]，这就将无言默识的工夫视为根本的法门。为什么工夫上要少言或

---

① 湛若水撰，黄明同主编，刘兴邦整理：《答三山诸同志》，《湛若水全集》第二十一册，上海古籍出版社2020年版，第363页。

② 湛若水撰，黄明同主编，汪廷奎、刘路生整理：《陈子至言序》，《湛若水全集》第十六册，上海古籍出版社2020年版，第326页。

无言，除了言诠的限度而要留出学者自悟的空间外，还有身体方面的考虑——“言者，心之神也，多言乃伤其气，而气则以动志”，妨碍修身工夫，甚至伤害人的健康[①]。所以，当甘泉晚年身体精力不如从前，而寡言、无言则对他养身工夫有直接帮助的时候，以无言之教作为其晚年的工夫法门便是自然而然的选择。不过，这并不是湛若水以无言之教为至教的根本原因，其原因在于所谓“天道默运化，百物自生焉。圣人垂至教，吾亦欲无言。言者心之声，声出心亦迁”[②]：

> 无言者，圣人之至教也。何以为至教也？语道体也。言之感人也浅，心之感人也深，是故圣人以默教，学者以默识，圣人无言之教所以体天也。天不言，而四时百物无非教也，天心之形见者也。吾无行而不与，无非心也，圣人之形见者也。故无言之教，圣人实言也，以为假托者，非也。[③]

① 湛若水撰，黄明同主编，汪廷奎、刘路生整理：《莫杨仕鸣文》，《湛若水全集》第十七册，上海古籍出版社2020年版，第700页。

② 湛若水：《止诗篇》，《甘泉先生续编大全》卷十七，嘉靖三十四年刻，万历二十三年修补本。

③ 湛若水：《湛子约言》卷十，《甘泉先生续编大全》卷三十，嘉靖三十四年刻，万历二十三年修补本。

甘泉继承白沙“四时万物无非教”的思想，认为天地不言，而四时百物都是教法。这是盈天地间皆是道体之流行。日月往来、山川流峙、四时运行、万物生化这些自然现象皆是道体之流行、之呈现，可是它们并不是以言语的形式呈现，而是以其往来、流峙、运行、生化为其形式：既然道体之流行并不需要言辞予以呈现，因此借助言辞也不能很好地察识道体，而是应该通过本心之涵养去默识道体。这种默教与默识，它所强调的是为学者的自修自得。

对于无言教法，甘泉后学也予以继承，蒋信认为儒家的真学问在无言默识，认为学者处于语默时，因仿天地四时无言，也便以此回复到性之初：“学个默到得随静随动皆默，便即参前倚衡矣。今人都知濂溪无欲二字最紧要，不知孔门一默字已尽了。默之至随处皆是万物一体，自身是公共物。何等快活！”[①]自身是公共物，讲得何其好！因此，对学者来讲应该以收敛收实此心为要领，最终得以默识仁体，而随处皆万物一体。唐枢则将“无言之教”上升到儒家真种子的高度，他讲：“孔子‘予欲无言’乃言教之至处？真人传药不传火，药真则火自真。学问不从真种子透露，总是丹家茅法，直须隐微上精考，天鉴在严，敢不凛凛。”[②]

---

① 蒋信：《桃冈日录》，第10页，见《美国哈佛大学哈佛燕京图书馆藏中文善本汇刊》第十七册。

② 唐枢：《因领录》，《木钟台再集》卷一，第598页。

第三节　自然境界

“鸢飞鱼跃”典出《诗经》，《中庸》则用它来表示天道的遍在性，所谓：“《诗》云：‘鸢飞戾天，鱼跃于渊。’言其上下察也。君子之道，造端乎夫妇，及其至也，察乎天地。”而到了程颢手中，他多以此为话头来指点学生学问工夫：“‘鸢飞戾天，鱼跃于渊，言其上下察也。’此一段子思吃紧为人处，与‘必有事焉而勿正心’之意同，活泼泼地。会得时，活泼泼地；不会得时，只是弄精神。”[①]而江门学派继承了程颢的思想，更常用它来指认自然境界，白沙便非常喜欢用这个话头，如他家书寓碧玉楼题有对联：“大海从鱼跃，长空任鸟飞。”而黄宗羲也就将陈献章的境界论概括为“于鸢鱼同一活泼”，即活泼泼之大乐。

① 程颢、程颐：《河南程氏遗书》卷三，《二程集》，第59页。

一、自然之乐即真乐

鸢鱼同体之乐是身心畅通之乐。甘泉门人谢显对此种身心畅通之乐有一讲法颇为生动："夫心之生理为性也，人只于此心勿忘勿助时得其中正时，生生之理，自然流通，其见于手足也，手恭而足重，于喜怒哀乐也，而莫不中节，以至于天地位、万物育，三千三百各有其叙，无非气得其中正而为天性之着见者也。是则气之中正，以心生也，心之生生，由得中也。若心不中正，则生理息矣，生理息，故手足痿痹，七情过当，而万事万物皆病矣，尚得谓之性乎？"[①]生生之理中含有非常重要的自然面向，学者不由得手舞足蹈是因为识认得天地万物一体生机，并涵养于人之身心，也即甘泉门人王元德所讲"苟得其养，则为生生之仁，复其见天地之心，四端蔼然发见之初，若火之始然，泉之始达，直有沛乎四海，洋溢上下，而莫御之势"[②]，这是一种"畅于四肢，内外合德"的快乐[③]。这种快乐在陈献章那里，是一种天高任鸟飞，海阔凭鱼跃的身

① 湛若水撰，黄明同主编，黄明同整理：《新泉问辨续录》，《湛若水全集》第十三册，上海古籍出版社2020年版，第181页。

② 湛若水撰，黄明同主编，黄明同整理：《新泉问辨续录》，《湛若水全集》第十三册，上海古籍出版社2020年版，第203页。

③ 湛若水撰，黄明同主编，郭海鹰整理：《樵语》，《湛若水全集》第十二册，上海古籍出版社2020年版，第8页。

心自由之乐，他有诗赋曰："金笼锁鹦鹉，山木纵斑鸠。巧拙知谁是，天机不自由。"[①]又，"古今一杯真率酒，乾坤几个自由身？春风回首黄岩会，醉插花枝少亦人"[②]。正因为白沙总是于自然之风物中指认这种乐，故白沙又称之为自然之乐，这种自然之乐亦是一种真乐，我们来看白沙给湛若水的书信：

> 此学以自然为宗者也。承谕近日来颇有凑泊处，譬之适千里者，起脚不差，将来必有至处。自然之乐，乃真乐也，宇宙间复有何事？故曰："虽之夷狄，不可弃也。"今世学者各标榜门墙，不求自得，诵说虽多，影响而已，无可告语者。暮景侵寻，不意复见同志之人，托区区于无穷者，已不落莫矣。幸甚幸甚。楚云虽日望回，万一高堂意有未安，亦未可率尔行也。珍重。章白民泽进士。[③]

这封信的主题是讨论学之自得，白沙肯定甘泉近来为学有凑泊处，当然这个"凑泊处"只是一个起点，所以

① 陈献章：《题画》，《陈献章集》下册，第511页。

② 陈献章：《题应宪副真率卷》，《陈献章集》下册，第556页。

③ 陈献章：《与湛民泽（九）》，《陈献章集》上册，第192—193页。

讲起脚不差则将来必有至处。从这里白沙引出“自然之乐，乃真乐”，可见他将真乐视为是为学自得之乐。所以，这种乐不同于日常俗乐，他是以所学的天道、天理为乐。白沙更指出真乐从何而生：“真乐何从生，生于氤氲间。氤氲不在酒，乃在心之玄。行如云在天，止如水在渊。静者识其端，此生当乾乾。”[①]饮酒醺醉之际会使人精神出离，让人的意识处于兴奋状态，这或许是常人认为的“乐”。但白沙会认为醺醉的人不能控制自己的意识举动，甚至会做出出格的事，其所谓“乐”之机在他物（酒）而不在己，真正的快乐必须动静自如，动时如行云在天，静时如止水在渊，无有不足，贺钦更称之为“以道自乐”。[②]

所以，这种乐并非得之山水之奇伟瑰丽，它的机窍在于得自吾心之玄，它是通过学于天地文物而达到一种与天地万物一体相通相遂的超越：“惟吾耳目之所得，精神之所通，而未始有穷焉。由是以往，殆将与夫造物者游于无极，则夫天地之间，高深上下之妙，莫非吾之所有，而与

① 陈献章：《真乐吟，效康节体》，《陈献章集》上册，第312页。

② 贺钦：《简石斋（八）》，《医闾集》，《四明丛书》，第十二册。

之相为无穷也。”[①]这是所谓的“万物我同体，天地我同流”所得到的同体之乐[②]。这种状态湛若水又称之为“天游”：“天游者与道同流，天地万物同体。勿忘勿助之间，无在无不在之妙，不疾不徐，浑与道俱。所趋者化，所存者神；化故不滞，神故不测；无入而不自得矣。”[③]与道同流，与天地万物同体之“游”已经不是一种日常生活中的“游玩”，而是一种本体意义上的“游”，它是一种一体或同体意义上的“游”。这种超越自身有限性而与天地万物为一体的自得之乐并不是康德《判断力批判》中所讲的因为震撼于宇宙之浩瀚、大自然山水之岿巍秀丽而产生的一种崇高感所生起的内心愉悦，一种审美意义上的超越，而是一种基于人内在的道德善性的完满与升华，而使得心理与身体得到极大的满足感，精神境界处于一种极融洽的自适之中。

当然，湛若水对这种体会也并不是一开始就有的。弘治丙辰与李世卿等人游罗浮登飞云顶，缠绵流连于罗浮山，后致信白沙表明这种难以按捺的快乐。但是甘泉当时

① 湛若水撰，黄明同主编，汪廷奎、刘路生整理：《游西樵记》，《湛若水全集》第十七册，上海古籍出版社2020年版，第468页。

② 湛若水：《归去纪行录》，《泉翁大全集》卷八十五，嘉靖十九年刻，万历二十一年修补本。

③ 湛若水撰，黄明同主编，汪廷奎、刘路生整理：《游西樵记》，《湛若水全集》第十六册，上海古籍出版社2020年版，第352页。

初入白沙门下，于心学要义尚无真切体会，只被山水之秀丽所牵引，其所体验到的快乐只是一种易于流逝的感官快乐。后来，陈白沙特意回信借此予以指点："飞云之高几千仞，未若立本于空中，与此山平；置足其巅，若履平地，四顾脱然，尤为奇绝。此其人内忘其心，外忘其形，其气浩然，物莫能干，神游八极，未足言也。承罗浮之游甚乐，第恐心有所往，情随境迁，则此乐亦未免俗乐耳。"[①]因此，游息之间皆是本心涵养之地，只在以山水觉醒吾之本心。也就是在游于山水间始终挺立本心，提撕本心，使本心不情随境迁，否则本心便流而不止，最终吾心之天理丧失掉。这是湛若水在讲学过程中时常提点弟子的。

二、孔颜之乐

程颢、程颐兄弟初见周濂溪，濂溪便让他们寻孔子、颜子所乐何事，后来孔颜乐处成为宋明理学重要的话头。陈献章仕途坎坷，后他更以颜子陋巷之乐来自述他自己的进退出处："居陋巷以致其诚，饮一瓢以求其志，不迁不贰，以进于圣人。用则行，舍则藏。"[②]他在四十四岁时写了一篇《寻乐斋记》，在该文中他借对寻孔颜之乐的讨论

① 陈献章：《与湛民泽 四》《陈献章集》上册，第190页。

② 陈献章：《邵州风采楼记》，《陈献章集》上册，第26页。

集中回应了伍光宇的修身之惑：

五年，伍光宇始构亭于南山之岩以坐。明年，复于吾居第之左，结草屋三间，与亭往来。又明年，而光宇死矣。草屋之成，光宇斋戒沐浴焚香更衣危坐。厥明，请予，问曰："云不自知其力之不足，妄意古圣贤人以为师，今年且迈矣，不得其门而入，不知其所谓乐，寻常间自觉惟坐为乐耳。每每读书，言愈多而心愈用。用，不如不用之为愈也。盖用则劳，劳则不乐，不乐则置之矣。夫书者，圣贤垂世立教之所寓也，奚宜废？将其所以乐者非欤？愿先生之教之也。"予复之曰："大哉，吾子之问也！顾予何足以知之。虽然，有一说，愿吾子之思之也。周子、程子，大贤也，其授受之旨曰'寻仲尼、颜子乐处，所乐何事'。当是时也，弟子不问，师亦不言，其去仲尼、颜子之世千几百年，今去周子、程子又几百年。呜呼！果孰从而求之？仲尼饮水曲肱，颜子箪瓢陋巷，不改其乐。将求之曲肱饮水耶？求之陋巷耶？抑无事乎曲肱陋巷而有其乐耶？吾子其亦慎求之，毋惑于坐忘也。圣贤垂世立教之所寓者，书也；用而不用者，心也。心不可用，书亦不可废。其为之有道乎！得其道则交助，失其道则交病。愿吾子之终思之也。仲尼、颜子之乐，此心也；周子、程子，此心也；吾

子，亦此心也。得其心，乐不远矣，愿吾子之终思之也。”语已，光宇整步而出，恍然若有得者。归，揭其榜曰“寻乐斋”云。[①]

伍光宇在自己家旁边建了草屋，草屋建成后伍氏在里面做工夫，所谓“斋戒沐浴焚香更衣危坐”，其实就是在草屋里面静坐，但他在静坐之前有一系列仪式斋戒、沐浴、焚香。在经过一宿静坐后，他找到白沙讨论自己的所得。伍光宇身体羸弱，他坦承自己为学气力不够，每每只能在静坐之中才有所自得，才有所乐，一旦读书、接物就有精疲力竭的感觉，整个人就陷入劳劳攘攘而不能乐。白沙听后认为伍光宇的为学方法有问题，他说“吾子其亦慎求之，毋惑于坐忘也”，也就是静坐只是一种得道的方法，但学者不能为它所限制。无论静坐还是读书、应事接物，必须挺立本心，也就是用不用在心而不在物。所以，寻孔颜之乐不是通过静坐去求澄静之乐，这完全搞错方向了，学者应该去体贴所乐之心，“仲尼、颜子之乐，此心也；周子、程子，此心也；吾子，亦此心也。得其心，乐不远矣”，白沙讲得太好了！这样就将“外在之乐”转为“内心之乐”了，所以乐在自求自得。不过，在这篇文章中，白沙只讲求之于心，但对如何寻乐还没有更详细展

① 陈献章：《寻乐斋记》，《陈献章集》上册，第47—48页。

开，湛若水在独冈书院为学生讲孔颜之乐，较全面将江门学派“自然”“勿忘勿助”等思想资源融入进孔颜乐处，主要讨论两个主题，一个是所寻何乐，第二个是如何寻乐：

> 此章功夫全在不改其乐。知得其乐，学问方有着落得力处。不然，终不免于耻恶衣恶食，不足与议。纵使有不耻如子路、原宪者，又不免于终身之诵与狷介之守，回视本体之乐尚有间隔在，此贤哉两致其称，夫子所以独与颜子也。颜子之乐，窃意非有他也，天理也。天理可乐，非乐于箪瓢陋巷也。箪瓢陋巷之间，自有其乐，人所不知，难以言语形容者矣。夫是之谓独得之妙，夫是之谓不改其乐也。不改处似其难着功夫，有一毫忘之意则不是，有一毫执持之意亦不是，须是有所以不改者方可。故曰：“好学未如颜子。”程子曰：“昔受学于周茂叔，每令寻孔颜乐处，所乐何事。”似亦识得此意。今只以此求之，不识以为何如？
>
> 此固夫子示门弟子以为学之的。颜子之乐即夫子之乐，而孔门之学在此而已。孔门之学只在求本求此而已。仁存则性尽，性尽则自乐，非乐他物，非乐箪瓢陋巷，非在他求，自乐其乐也。此个乐，南面王之乐不足以过之。虽大行不加焉，虽穷居不损焉。颜

> 子自有此乐，故箪食瓢饮，在陋巷，不能改之也。不能改者，不能夺之也。古人有云："不受天损易。"箪瓢陋巷，天之所损也。惟自有其乐，则天损亦不能夺之也。何居？以其机在我而不在天也。天能与我以乐，而不能夺我之乐也。故夫子称之，始曰"贤哉"，终曰"贤哉"，叹之不足，又重而叹之，所以深致意，而示门弟子以其学之的也。濂溪得其宗旨，每令二程寻仲尼、颜子乐处，盖示二程以初下手处，不得不如此说耳。要之乐亦无处，寻之何方？惟勿忘勿助之间，而心自存，心存而乐斯得，不待寻，而乐亦无处无时不在矣。若谓以箪瓢陋巷为可乐处，奚啻千里？谓此乐为有形，而想象以寻之，奚啻千里？[①]

日常生活中，我们对快乐的一般理解是人的欲求得到满足时身心所释放出来的轻松愉悦，如满足口腹之欲得到的快乐、看电影得到的快乐、游玩山水的快乐、事业成功得到的快乐（所谓南面之乐），但这些都不是孔子、颜子所乐之乐。湛若水将这种乐称之为本体之乐，并且通过引入"天理"概念而将"所乐"释为"乐天理"。我们所理解的乐一般是情感意义上的乐，它作为一种情感意识是有

---

① 湛若水撰，黄明同主编，宁新昌整理：《独冈书院讲章》，《湛若水全集》第十二册，上海古籍出版社2020年版，第284—285页。

意向性的，也即有乐的对象。但将所乐对象化往往会留滞其间，如人们理解颜子在陋巷不改其乐，总是滞于颜子之处境而从一种乐天的情绪去理解颜子之乐。甘泉认为，可以对象化意味着它并不持久，它是天可以损易的。但颜子之乐并非天可损易的，他将自然、自得引入，而将其释为自得之乐，因为自得故其乐与不乐之机窍在我不在天，更不在人了。所以，我们不能以对象化或客观化来理解孔颜之乐，它没有特定的对象，毋宁是一种人生存其间的在世情态。在江门学派这里，这种情态便是无我同体之性得以畅遂的“通”的状态。

如何寻乐？湛若水认为寻孔颜之乐是濂溪示二程兄弟的“为学之的”，但这个“的”作为目标示人只是一个权宜之法，并不是究竟直截的法门，因为“寻”字总是要立一个心朝着既定的方向去寻觅、努力，它需要人为安排。但是当时二程兄弟初涉圣门之域，不能以高超直截方法教之，否则不利于他们寻找工夫下手处，因此濂溪才不得已以“寻”为法教之。那么，如果不寻乐，那么如何做工夫呢？甘泉的回答极具江门学派特色，他讲道：“惟勿忘勿助之间，而心自存，心存而乐斯得，不待寻，而乐亦无处无时不在矣。”甘泉在《寻乐斋记》中对此“寻”更有精彩论析：“其诸异乎人之寻之也，不寻之寻也。寻不寻之间，乃至寻也。自有其乐也，乐自有见也。闻之人有坠簪者，终日苦心以求之而不得。存心而不过，寻而不寻，乃忽然见簪之横于吾前，是不寻之寻者得之也。此孔颜之学也。”[①]“不寻之寻者得之”，乐在寻不寻之间自见，乐不待寻而自得之，何其自然。

此处，我们还有一个问题需要澄清。孔颜之乐在宋明理学中，很多理学家都强调它的那种自然洒落的境界。当然在江门这里也如此。但是，甘泉亦讲“仁存则性尽，性尽则自乐”，“则”字值得玩味，它一方面揭示“仁存—性尽—自乐”这三个环节是自然而然的过程；另一方面，“乐”作为心体的境界必须通过“存”“尽”的工夫才有可能自得，因此作为境界的乐并非如海市蜃楼之幻景，而是实得于心的“工夫—境界”之乐。此乐必经工夫而得，因为它不是揣摩模仿、人云亦云而来，必须真切体认而能自悟自得，甘泉弟子王道即讲：“孔颜之乐，惟濂溪、明道二先生知之，却未曾分明说破，待人自悟。其他皆揣量摹写之语，非真见也？学者当自得，不可为多言所眩。”[②]

三、天乐

及至刘宗周，他将一元生气的思想贯彻到底，他将

---

① 湛若水撰，黄明同主编，汪廷奎、刘路生整理：《寻乐斋记》，《湛若水全集》第十七册，上海古籍出版社2020年版，第597页。

② 王道：《余冬录·孔颜乐处》，《顺渠先生文录》卷四，第8页，版本不详，现藏华东师范大学图书馆古籍室。

《中庸》“喜怒哀乐之未发谓之中，发而皆中节谓之和”与“一气”结合在一起论说，而有性宗与心宗之说，因此，在蕺山那里，喜怒哀乐便不再是人之情，更是贯通而为天之情：

> 性情之德，有即心而见者，有离心而见者。即心而言，则寂然不动，感而遂通，当喜而喜，当怒而怒，当哀而哀，当乐而乐。由中导和，有前后际，而实非判然分为二时。离心而言，则维天于穆，一气流行，自喜而乐，自乐而怒，自怒而哀，自哀而复喜。由中导和，有显微际，而亦非截然分为两在。然即心离心，总见此心之妙，而心之与性，不可以分合言也。故寂然不动之中，四气实相为循环；而感而遂通之际，四气又迭以时出。①

刘宗周对喜怒哀乐多有发挥而有喜气、怒气、哀气、乐气之说，将人喜怒哀乐之情感与一元生气直接贯连，故人之情即成天之情。故人未发之中感物而发时，蕺山讲当喜怒哀乐而喜怒哀乐，所谓“当”“而”既表示情之中正，同时也有很强的自然面向。蕺山更指出，“喜怒从气

① 刘宗周：《学言中》，《刘宗周全集》第二册，第487页。

机而流，故就性宗指点”[①]，因此，性体是从喜怒哀乐四气周流，丝毫不假人力、不涉人为之天分上来讲。而至于其流通来讲，则“自喜而乐，自乐而怒，自怒而哀，自哀而复喜”，可见，喜怒哀乐诸情感之流通与转换有其自然节奏、秩序，很难逆反，如“喜极而泣”“乐极生悲”，我们日常感受亦知由喜、乐而怒而哀比较容易，但是由怒情、哀情而转喜乐较难，便是人之情如此：

> 愚谓言语既到快意时，自当继以忍默；意气既到发扬时，自当继以收敛；愤怒嗜欲既到沸腾时，自当继以消化。此正一气之自通自复，分明喜怒哀乐相为循环之妙，有不待品节限制而然。即其间非无过不及之差，而性体原自周流，不害其为中和之德。学者但证得性体分明，而以时保之，则虽日用动静之间，莫非天理流行之妙，而于所谓良知之见，亦莫亲切于此矣。若必借良知以觉照，欲就其一往不返之势，皆一一逆收之，以还之天理之正，则心之与性，先自相仇，而杞柳桮棬之说，有时而伸也必矣。[②]

既然人之情与天之情贯通，江门诸子亦重视从自然

---

① 刘宗周：《学言下》，《刘宗周全集》第二册，第540页。

② 刘宗周：《学言中》，《刘宗周全集》第二册，第487—488页。

天地之间涵养人之情，故其重视游学，陈献章如此讲道："所过之地，盼高山之漠漠，涉惊波之漫漫；放浪形骸之外，俯仰宇宙之间。当其境与心融，时与意会，悠然而适，泰然而安，物我于是乎两忘，死生焉得而相干？亦一时之壮游也。迨夫足涉桥门，臂交群彦，撤百氏之藩篱，启六经之关键。于焉优游，于焉收敛。灵台洞虚，一尘不染。浮华尽剥，真实乃见。鼓瑟鸣琴，一回一点。气蕴春风之和，心游太古之面。其自得之乐亦无涯也。出而观乎通达，浮埃之濛濛、游气之冥冥、俗物之茫茫、人心之胶胶，曾不足以献其一哂。"[1]"境与心融，时与意会，悠然而适，泰然而安，物我于是乎两忘，死生焉得而相干"，此物我一体之天乐超越生死、物我，何其大也！所以，在游学之中，常随机指认所见之风物，就近取譬，指点学生为学，其中以歌诗教之是江门学派特重之诗教传统。湛若水与门人学生相聚于西樵，友朋相聚乐不胜已，故扬觯咏歌、伐鼓应鼓：

> 甘泉子乃置高会以饯于堂，诸生二邓、甘子、陈子咸集，爰及五释，诸子扬觯咏歌，诸释伐鼓应鼓以间。始歌鹿鸣之三章，甘泉子揖曰："公诚嘉宾也，相兹安宅，匪周行乎！"乃歌衡门。尹公揖曰："非

① 陈献章：《湖山雅趣赋》，《陈献章集》上册，第275页。

> 吾子，其谁与居焉！”曰：“请闻新乐。”四子乃歌考室。甘泉子曰：“俾予遂有诸胜，伊谁之力？”遂歌九龙曰：“潜德也，让德也，弟子识之。”歌竹台之章，曰：“庶哉！昭公之德也。”曰：“请闻赠言之章。”瞻乃为之歌有酒，学乃为之歌公台，谟乃为之歌两季，昣乃为之歌烟霞。诸释供乐乃次之，间歌以终焉。甘泉子曰：“今日之乐，归诸道义，根于天性，至乐也。昔七子赋诗，春秋荣之，其有是也乎！”厥明，相与出送于翳门之关。闰十二月二十日。[①]

歌诗传统自白沙始，“先儒君子类以小技目之，然非诗之病也。彼用之而小，此用之而大，存乎人。天道不言，四时行，百物生，焉往而非诗之妙用？会而通之，一真自如。故能枢机造化，开阖万象，不离乎人伦日用而见鸢飞鱼跃之机。若是者，可以辅相皇极，可以左右《六经》，而教无穷。小技云乎哉？”[②]作诗、歌诗并非小伎俩，因为在白沙看来，诗是人心之声，而好的诗作完全是

---

① 湛若水撰，黄明同主编，汪廷奎、刘路生整理：《樵风诗序》，《湛若水全集》第十六册，上海古籍出版社2020年版，第101页。

② 陈献章：《夕惕斋诗集后序》，《陈献章集》上册，第11页。

因风云花鸟，触景而成。当人心与万物相交时便会有各种情感生发出来，“或疾或徐，或洪或微，或为云飞，或为川驰。声之不一，情之变也，率吾性盎然出之，无适不可”[①]，因此作诗、歌诗便能究吾心吾理之几微，而转存天地生生化化之妙用。在这种教学思想指导下，甘泉亦启发学者因物因境而歌诗。他们的歌诗有两个特点：第一，诗是与德相关的，用古人之德来启发自己之德；第二，歌诗所得之乐是道义之乐，完全是根植于人的天性即天情的，所谓“今日之乐，归诸道义，根于天性，至乐也”。在这种意义上，千绪万端，只要物各付物、情各付情，便“莫非天理流行之实，活泼泼地”[②]。

① 陈献章：《认真子诗集序》，《陈献章集》上册，第5页。

② 吕怀：《答叶德和》，《甘泉学案二》，《明儒学案》卷三十八，第917页。

第三章

江门学派的静坐观

静坐是一种身心修炼的技艺。一般认为儒家的静坐传统始于二程，明道弟子说他闲时"坐如泥塑人"，甘泉门人亦多有以此为话头问学，而伊川每见人静坐便叹其善学，更有程门立雪佳话留下："游、杨初见伊川，伊川瞑目而坐，二子侯立。既觉，顾谓曰：'贤辈尚在此乎？日既晚，且休矣。'及出门，门外之雪深一尺。"[①]当然，也有学者指出，在先秦儒家已经出现类似静坐的工夫技艺，如孟子的浩然之气，老子的抱一、守静，庄子的心斋、守一、坐忘、缘督、导引、吐纳、听气、踵息，等等[②]。而且，周敦颐"主静立人极"思想亦不应被忽视，江门诸子亦以濂溪此论作为静坐工夫的理论依据，对于静坐这一脉络，刘宗周做了梳理："昔周子有'主静立极'之说，程子因之，每教人'静坐'，李延平又教人'于静中看喜怒哀乐未发时作何气象'。本朝陈白沙先生亦'静中养出端倪'为宗，筑阳春台，置水一盂，对之静坐数年。"[③]

及至江门，陈献章最为人所熟知的便是他静中养出端倪的教法，"为学须从静中坐养出个端倪来，方有商量

① 程颢、程颐：《河南程氏外书》卷十二，《二程集》，第429页。

② 艾皓德：《东亚静坐传统的特点》，收入杨儒宾、马渊昌也、艾皓德编《东亚的静坐传统》，第1页。

③ 刘宗周：《艮止说》，《刘宗周全集》第二册，第321—322页。

处”[①]。门人贺钦指出：“白沙之教，惟以静坐为先，其意谓吾人今日病在扰扰，必多用静，然后放心可收，次第可用功矣。”[②]而黄宗羲亦将白沙的工夫特色概括为“先生之学，以虚为基本，以静为门户”[③]。许敬庵甚至将静坐视为江门学派的真正宗旨：“故江门、姚江之学，相继而兴，江门以静养为务，姚江以致良知为宗。”[④]敬庵弟子冯从吾亦讲：“静坐原是吾儒养心要诀。”[⑤]无论是白沙自己的修习历程，“（白沙）先生筑阳春台，日端坐其中，以涵养本源，人罕见面”[⑥]，还是授人学问工夫之道，“有学于仆者，辄教之静坐。盖以吾所经历、粗有实效者告之，非务为高虚以误人也”。[⑦]湛若水游江门时，白沙辄教之静坐，

① 陈献章：《与贺克恭黄门二》，《陈献章集》上册，第133页。

② 贺钦：《答同年郑克修御史》，《医闾先生集》卷五，第64页。

③ 黄宗羲：《白沙学案上》，《明儒学案》卷五，第80页。

④ 许孚远：《答周海门司封谛解》，《敬和堂集》卷五，转引自荒木见悟《陈白沙与湛甘泉》，见《中国人民大学学报》，1991年年第6期，第1页。

⑤ 冯从吾：《答杨原忠运长（五）》，《冯少墟集》卷十五，《冯从吾集》，第289页。

⑥ 林光：《明故翰林院检讨白沙陈先生墓碣铭》，《南川冰蘖全集》，第177页。

⑦ 陈献章：《复赵提学佥宪（一）》，《陈献章集》上册，第144—145页。

“甘泉子三十游江门，传习之余，端默无作”[1]。但无论从甘泉后来对静坐复杂的态度，还是研究者认为甘泉“随处体认天理”工夫是对白沙静坐工夫的批判及修正［如容肇祖先生即指出，“他（指湛甘泉）觉得主静不无流弊，固主张‘事上求仁，动时着力。’而以静坐为过，以静为禅，而又主张动静一于敬了”[2]］，对江门学派静坐工夫的梳理及检讨都是一项重要且有趣的工作。

---

① 湛若水撰，黄明同主编，汪廷奎、刘路生整理：《精选古体诗自序》，《湛若水全集》第十六册，上海古籍出版社2020年版，第361页。

② 容肇祖：《明代思想史》，开明书店，1941年。

第一节 收摄身心

因病静摄是儒者选择静坐的原因之一，就连不喜静坐的朱熹也肯定静坐对收摄身心、病体的好方法，“某今年顿觉衰惫，异于常时，百病交攻，支吾不暇，服药更不见效。只得一两日静坐不读书”①。又，“病中不宜思虑，凡百可且一切放下，专以存心养气为务。但跏趺静坐，目视鼻端，注心脐腹之下。久自温暖，即渐见功效矣”②。江门后学刘宗周也有类似讲法：“日来静坐小庵，胸中浑无一事，浩然与天地同流，不觉精神之困惫。盖本来原无一事，凡有事皆人欲也。若能行其所无事，则人而天矣。”③

---

① 朱熹：《与林井伯》，《晦庵先生朱文公别集》卷四，《朱子全书》第二十五册，第4914页。

② 朱熹：《答黄子耕》，《晦庵先生朱文公文集》卷五十一，《朱子全书》第二十二册，第2381页。

③ 刘宗周：《易箦语》，《刘宗周全集》第二册，第546页。

陈献章是遗腹子，他自幼体虚，“无岁不病”[①]。而白沙确信构成人身体的元气与人身体的健康有密切关联：“元气之在天地，犹其在人之身，盛则耳目聪明，四体常春。其在天地，则庶物咸亨，太和氤氲。”[②]但人的本心失去主宰的时候，也就是身体乱气、逆气，自然会生病，“心寓于形而为主，主失其主，反乱于气，亦疾病之所由起也。今人惟知形体之为害，而不知归罪其心，多矣。心之害大而急者，莫如忿争。夫有所不平然后争，争至于忿，斯不平之至而气为之逆，逆则病生矣”[③]。所以，身病可以通过静坐养气来康愈，“病起南窗终日坐”[④]。而时任广东提学的胡荣亦曾向白沙“请教以心驭气之术”，白沙明确讲他在自己治疗方面的治疗效果，“试效立见验”[⑤]。身体羸弱多病，或许是白沙如此重视静坐工夫，并一生持守的重要原因。

事实上，湛若水对静坐也有如此看法，他认为：“善治病者，先元气而后攻疾。养元气即攻疾矣，苟专于攻

---

① 陈献章：《乞终养疏》，《陈献章集》上册，第2页。

② 陈献章：《祭先师康斋墓文》，《陈献章集》上册，第107页。

③ 陈献章：《与伍光宇》，《陈献章集》上册，第237页。

④ 陈献章：《荼蘼花开》，《陈献章集》下册，第652页。

⑤ 陈献章：《与伍光宇（二）》，《陈献章集》卷三，第238页。

疾，是又一病也。”[1]甘泉跟白沙一样认为如果心不能驾驭气的话，那么心身便不通，就会出现“解体”的状态：“今夫人之一身，主之惟心思，调之惟元气，运之惟股肱耳目，通之喘息呼吸惟喉舌，发之惟百体发肤。故心思不宰则狂，元气不调则病，股肱耳目不运用则痿痹眩惑，喉舌不通则呼吸不来、饮食不进，百体发肤不润则不仁，是之谓解体。五者有一焉，死亡且至。”[2]如果将甘泉所讲的这五个方面稍作归类，则后三者可统归到身体（或形躯）一类，可简而为三：心、元气（这里具体为血气）、身体。从构成人生命的要素讲，则三者同属重要，然从地位上讲，心思则无疑位置更高，因为它对元气与身体起着主宰的作用。

在这个意义上，当身体出现疾病，血气不调的时候，可以采取持养心志的方式来调节血气的运行，这甚至有利于病间精力的集中[3]，所以门人韦商臣也曾有“病中读《难语》诸书殊胜药力”之感[4]。甘泉对于病中做工夫还有另一

① 湛若水撰，黄明同主编，郭海鹰整理：《樵语》，《湛若水全集》第十二册，上海古籍出版社2020年版，第21页。

② 湛若水：《再论圣学疏》，《泉翁大全集》卷三十六，嘉靖十九年刻，万历二十一年修补本。

③ 湛若水撰，黄明同主编，刘兴邦整理：《答方西樵》，《湛若水全集》第二十一册，上海古籍出版社2020年版。

④ 湛若水撰，黄明同主编，郭海鹰整理：《新泉问辨录》，《湛若水全集》第十三册，上海古籍出版社2020年版，第86页。

种说法，这是针对为学过于严苛而提出的："克道患病，能于此用功而不以病心否？此学造次颠沛必于是，素患难行乎患难者也。今遇此疾病，正颠沛患难之时，宜于此着力，则虽病而心不为之累，即是进步处也。全放下即是着力功夫。"[①]无论是持养心志，还是全放下，其节度还应在一心之中，还是要以心不为病所累为设准。养心志或全放下，都在养心之精神，"君子之学，养其精神而已矣"[②]。精神并不完全是指血气意义上的精力，它所指的意涵与本心凝然安定的状态密切相关。内心凝然安定，则在应事接物之时能够自然有得，才不会心生邪神。所以，湛若水强调存神养心的收敛精神工夫：

> 所谓修乎在己者，收敛精神是也。（1）夫二气储精而神生焉，夫精神者，天敛之以生物，地敛之以成物，圣人敛之以生盛德而成大业，帝得之以为帝，王得之以为王，人物得之以为生育昌。
>
> （2）《易》曰："夫乾，其静也专，其动也直，是以大生焉。夫坤，其静也翕，其动也辟，是以广生焉。"解之者曰："不专一则不能直遂，不翕聚则

① 湛若水撰，黄明同主编，郭海鹰整理：《新泉问辨录》，《湛若水全集》第十三册，上海古籍出版社2020年版，第92页。

② 湛若水撰，黄明同主编，郭海鹰整理：《雍语》，《湛若水全集》第十二册，上海古籍出版社2020年版，第76页。

不能发散。”故专一翕聚以为发生遂成之本，天地之道然也。五行二气藏于冬也，故春得之以为生，夏得之以为长，秋得之以为成。故闭藏者，所以为生长收成之本，四时之运然也。夫天地四时且然，而况于圣人乎！而况于万物乎！是则天地四时之所以为天地四时，帝王之所以为帝王，圣人之所以为圣人，万物之所以为生遂，在收敛精神而已耳。

（3）夫精神者，敛之则全，用之则散。故目多视五色；则精神散于五色；耳多听五声，则精神散于五声；心多役于百为，精神散于百为。是以古之圣帝明王慎之，以保惜其精神焉而不敢散。[①]

这里，湛若水从《易经》乾坤之静为收摄精神寻找本体根据：专一翕聚是生发遂成的根本，故此欲应事接物时从容不迫，便须收敛精神。而针对具体的工夫要领，湛若水强调要“不妄思虑、不妄举动”[②]：前者针对内在的心思，后者则针对外在的躯体，所以，精神收敛与调摄身体密切关联。因此，当门人谢显说：“人之精神意气常令收摄近里，则聪明内蕴，运用有主，便时时见得参前倚衡底

① 湛若水：《劝收敛精神疏》，《泉翁大全集》卷三十七，嘉靖十九年刻，万历二十一年修补本。

② 湛若水撰，黄明同主编，黄明同整理：《新泉问辨续录》，《湛若水全集》第十三册，上海古籍出版社2020年版，第184页。

景象。顷刻不收摄，则顷刻便昏愦了也。”甘泉对谢显这一说法并不十分满意。

当讲“近”和“里”的时候，似乎有一个“远”和“表”与之相对，这就意味着将心灵与身体割裂为两种不同的事物，所以甘泉说道：“顷刻不收摄，即顷刻便昏愦；若顷刻收摄，即顷刻便精明，便参前倚衡之体见，便是合内外之道。非有表里，何有远近？近字与里字亦不消说矣。”[①]“顷刻”既表示收敛精神工夫的重要性，也突出这种工夫的当下性——只要你当下收敛，当下即可窥见参前倚衡之本体。所以，这种收敛精神的工夫并没有特定的时间和场所的要求，甚至连闭目、安坐这样的形姿也不需要。它只要求修习者收紧自己的身心，使其时刻处于一种高度敬谨的状态。这种状态既是内在的精神高度敛聚成一个至精至明的意识点，但是这个高度敛聚的意识点又处于一个虚灵的开放状态，能够敏锐地捕捉到外部的事物。

另外，这种高度敬谨的状态也要求对身体各个感官进行收敛，因为“目多视五色；则精神散于五色；耳多听五声，则精神散于五声；心多役于百为，精神散于百为。是以古之圣帝明王慎之，以保惜其精神焉而不敢散”。这里主要是讲人对身体的过度使用，容易使精神散失掉，这

---

① 湛若水撰，黄明同主编，黄明同整理：《新泉问辨续录》，《湛若水全集》第十三册，上海古籍出版社2020年版，第155页。

个精神既是心之神，也是身体之神。湛若水认为心体之神总是通过身体之神（即视听言动之神）发出来，而且在日常修习中，我们对身体的把握和掌控远远比内在的心灵容易，所以这种收敛精神的方法下手的地方是对身体各个部位的收敛，使其不至于“邪妄”：

> 曰：“敢问神气之聚散也何如？”（甘泉子）曰：“邪视则能散目之神矣，邪听则能散耳之神矣，邪臭则能散鼻之神矣，是三神者一也，皆本诸心也。邪言则能散心之神矣，故在敛之而已。目视书而目不溺于书，故能敛目之神；耳听书而耳不溺于书，故能敛耳之神；口诵书而心不溺于书，故能敛心之神。神完而固，言发而昌，辞成而浑，其古之德行道艺者与！”[①]

湛若水认为身体这四种感官能力视、听、嗅、言最为重要，它们是我们日常生活应事接物、接触外部世界的通道。我们应事接物的方式是否恰当，也往往是通过我们的行为举止、视听言动体现出来。其中，视、听、嗅这三者分别是目、耳、鼻这三种器官“神”之所存的地方，而言则是心之神所存或发的地方。显然，甘泉认为言辞的功能

① 湛若水撰，黄明同主编，刘兴邦整理：《二业合一训》，《湛若水全集》第十二册，上海古籍出版社2020年版，第151页。

和位置比其他三者要高出许多，这是因为他认为："夫言辞者，其精微之致乎！"这与《孟子》文本中"知言"和"养气"工夫之间存在密切关系相关。所以，我们常常会听到"辞气"这一词。

湛甘泉相信，言辞是与我们的心体相通的，它既可以敞现我们的德性，同时也非常容易影响到我们的修行，这也就是为何邪言会涣散掉心体之神的原因："言，心声也，与心相通，而最易躁妄难禁者，莫过于言，故圣人每每于此致意焉。告颜子以'非礼勿言'，告司马牛以'仁者其言也讱'，张横渠亦云：'戏言生于思也。'故君子终日乾乾，虽无往非诚，而此尤为紧关。才妄言时，心已不诚，才有谨言之心，即是诚也，即是践履实地，故曰'居业'。不然，圣人何故如此谆谆欲人谨言？又不是要谨得言语来，令好看好听也。"[①]这种收敛身心之神的方法，不是要我们刻意为之，因为那样可能会有徒弄精神、策励意气、劳劳攘攘的危险，而是在勿忘勿助之间自如地运用我们的身心，这一点具体表现为看书而不溺于书、听书而不溺于书、诵书而不溺于书。所以，对江门学派来讲，静坐有收敛身心、澄息思虑、凝定精神的作用，只不过这种静坐并不一定有特定的时空与形式，而关键在求心之静摄，不为事物所迁扰。

---

① 湛若水撰，黄明同主编，郭海鹰整理：《新泉问辨录》，《湛若水全集》第十三册，上海古籍出版社2020年版，第19页。

第二节 静养端倪

静养端倪是陈献章重要的工夫话头，他将其称为“心学法门”，有诗曰“端居养静虚”[①]。端居指一人独处闲居，养静虚则是静养端倪的致虚立本工夫。他认为通过静坐可以寻见自身良知的端绪，“（先生）大意只令静坐寻见端绪，却说上良知良能一节，使之自信，以去驳杂支离之病，如近日之论可也”[②]。从这里可知，白沙亦同意良知端绪一说，即甘泉所讲的“初心”：“可欲之善，乃人之初心、良心、真心也，如树木之根初萌、桃杏之仁初出，蔼然生意。”[③]白沙多次教导林光端倪之学，“种种日用见

① 陈献章：《南归乡寄书（三）》，《陈献章集》上册，第351页。

② 陈献章：《与林缉熙书十》，《陈献章诗文续补遗》，《陈献章集》下册，第972页。

③ 湛若水撰，黄明同主编，郭海鹰整理：《新泉问辨录》，《湛若水全集》第十三册，上海古籍出版社2020年版，第92页。

端倪，而此端倪人莫窥。不有醒于涵养内，定知无有顿醒时”[①]。既是端绪，便是起点，它只是生意之最初者，而非终点；它既是在种种日用之间发见，必然需要涵养而自得。白沙以自得教人，不喜多言，并没有将此静养端倪工夫的环节展开，在这方面甘泉贡献颇多。他在衡岳书院讲学时的阐发最为详尽：

> 学子须先认得何谓可欲之善，此是善［端］初动，动而未形，有无之间，所谓几也。若见此善端，虽未学，亦已为善人矣。此乃孟子指示人于几上用功处，与颜子知几其功夫一般。这时节如日初出，如火始燃，如泉始达，多少令人快活，这便是可欲之善。此善于勿忘勿助之间见之，不着丝毫人力，不落安排，不加想象。先儒谓求善于未可欲之前，自谓妙手，殊不知求之一字已着人力安排想象矣。惟勿忘勿助之间，乃不求之求，则可欲之善自然呈露，令人欢欣鼓舞而不能自已者。何谓有诸己之谓信？信者，信此也。认得这真种子，便有下手处，终日乾乾，得这把柄入手，时习涵养之久，优而游之，使自求之，餍而饫之，使自趋之，忽不知其有之于己。此善本一，若杂之者去，而此善自纯，行之不疑，不习

① 陈献章：《寄缉熙（二首）》其一，《陈献章集》下册，第984页。

而利。看来此善浑是己物，禅客谓譬如数他财，他财者，言未有诸己也，似犹二之，殊不知此善在己本一，本是己财，非昔无而今始有，亦非昔去而今始来，而谓有之也，孟子此语略下就中人说耳。须是真切认得己物，惟向前自蔽自迷自失之，今一旦豁然开悟，元是己物，不从外来，实是自有自得，无一毫虚假，岂不是信？此便是思诚功用。何谓充实之谓美？此美亦是此善之美，非有他美。盖善有诸己，由是扩充积实，无不饱满，无些欠缺。如一池满水相似，原来分量完足，美在其中，非由外铄，极天下之美无以过之。何谓充实而有光辉之谓大？这光辉亦是此善之光辉，盖善充实积中，自不能不发于外，所谓美在其中，畅于四肢，发于事业；所谓仁义礼智根于心，其生色也，睟然见于面，盎于背，施于四体，四体不言而喻；所谓诚则形，形则着，着则明；皆是物也。[①]

这一段文字是湛若水将白沙“静养端倪”工夫与《孟子》中“可欲之谓善，有诸己之谓信，充实之谓美，充实而有光辉之谓大”思想相结合的发挥。湛若水的思想是将

① 湛若水：《衡岳书堂讲章》，《甘泉先生续编大全》卷二十三。

白沙所讲的端倪溯至孟子的四端，并与孟子养夜气相互诠释，以此让江门学派静养端倪工夫在儒家思想谱系中获得正当性的支撑。

我们来看湛若水的具体论说，他首先对“善端”做出了一个界定：“善端初动，动而未形，有无之间，所谓几也。”“动而未形，有无之间”无非是要强调这个善端非常难以把握，因为它总是在浸没在种种私欲人欲中，它的出现往往只在“刹那之间”不经意的呈露而已。紧接着，甘泉把善端与“几”这一概念联系起来，这样这个“几”就不仅是描述作用层面上那种静而无静、动而无动的状态，而是完全成为一个从心之本体生发出来的纯粹至善的“几”。在这个意义上，这里的“几”便是一个生几（机）、善几（机），实际上也已自然而然与气的概念相关。

进一步，湛若水又明确地将这个善端说成是夜气、平旦之气呈露的端倪，这是一种善的力量，尽管十分微弱：“此个端倪，天之所以与我者，非外铄我也，我固有之，但其汩没之久，非静养之，则微而不可见，若彼濯濯耳。孟子夜气之所息、平旦之气，须有这般端倪呈露，此即四端之端。”[①]“须有这般端倪呈露”，言下之意是夜气、平

① 湛若水撰，黄明同主编，黄明同整理：《新泉问辨续录》，《湛若水全集》第十三册，上海古籍出版社2020年版，第161页。

旦之气这清明的气机必须通过本心作为其敞现的场域，它背后所蕴含着的那一股生生之力（这是人性善的力量的源泉）才能迸发出来。这迸发完全是神妙自然的，非人力所能安排或遏制，所以这个机也叫“天机”：“人有所不能不形于外者，其天机之所不能已也……惟天机之根于心，虽欲遏之而不可藏也，虽欲形之而不可显也。”[①]这个机如果不是从本心发出来的，那么便不能遏之而不可藏、形之而不可显。在这个意义上，本心在甘泉这里也完全是生生之气机（天机）发窍的场所。这样一来，甘泉的养气工夫就是存养本心所呈露出来的善端（即善的力量）的工夫。

在《衡岳书堂讲章》中，甘泉大致上将这一存养端倪的工夫分成四个环节。第一个环节是要识认或体贴到这个善的力量（即生生之机），这样工夫才有入手着力的地方，否则便不知存养何物。这种识认或体贴的方法是在“勿忘勿助之间见之”，它强调这种识认方法不着人力、不落安排、不加想象的自然一面。学者应事接物之时，若能在勿忘勿助之间存心，即不被所应接之事物所牵引，亦不留滞其上，这时本心处于一个中正不偏的状态，而这个善端便会自然而然地呈露出来。

但是，这种方法并不容易被初学者所体悟到，它是修

① 湛若水撰，黄明同主编，郭海鹰整理：《晬面盎背论》，《湛若水全集》第二十一册，上海古籍出版社2020年版，第29页。

习者在工夫慢慢纯熟后而逐渐得力的地方。对于初学者而言，通过静坐来体悟这一善端更加实际："其汩没之久，非静养之，则微而不可见，若彼濯濯耳。"这也是白沙常强调的："（白沙）先生教人，其初必令静坐，以养气善端。"[①]当然，这种静坐并不是一种陷于蘼木死灰中的静坐，而是一种面向身心的收敛。必须指出的是，这里所讲的静坐方法是针对初学者来讲，它并不是一种可以直接洞悟到心性本体的根本方法，只是一种收敛身心的辅助手段，用来帮助初学者体认到那难以捉摸、隐微呈露的善端而已。这是工夫的起点，而非终点。

无论是通过静坐，还是勿忘勿助的方法，所体悟到的善端往往如夏之露水"乍见还没"，甘泉门人施大任便曾有过这方面的困惑："当平旦时，自觉心地明莹、气象清虚，疑此即是天理萌动。及旦昼间遇一事来，此心不免为之昏扰，举动谬迷，去平旦时若远甚，正孟子所谓'梏亡之矣'。切虑人之一身，万事萃焉，安能一无所为？一日之间，安能常如平旦？"[②]这是工夫修习过程中出现反复甚至倒退的情况，尤其在初学入门时更容易发生，修习者在这种反复中往往容易丧失自信，而产生怀疑和焦虑。

---

① 林光：《故翰林院检讨白沙陈先生墓碣铭》，《南川冰蘖全集》卷六，第181页。

② 湛若水撰，黄明同主编，黄明同整理：《新泉问辨续录》，《湛若水全集》第十三册，上海古籍出版社2020年版，第158页。

针对这种情况，甘泉认为修习者在体悟到这个微不可见的善端（即天理的呈露）时，必须完全相信所体悟到的这个善端并且直接从它上面获取到的善的力量，即使这力量十分微弱。这便是自信或信得及的工夫，这是工夫的第二个环节。

第三个环节，即是在完全信任这一点善的力量的基础上，完全依循着它去应物行事，做终日乾乾的工夫，就会渐渐祛除身上的私欲，而逐渐行之不疑，不习而利。修习者通过终日乾乾的工夫，在涵养日久而优而游之的情况下，他自己的修养工夫及精神生命便会不知不觉的发生质的变化，所谓“忽不知其有之于己”。这里的“有之于己”无非是强调这种善的力量要完全转化为自己道德性命的不可分割的部分，所以这种“有”完全是“镶嵌”在修习者的身体与心灵之中，所谓“扩充积实，无不饱满，无些欠缺”，是也。“扩充积实”这一具有空间动感的词组，可以让我们形象地想象或体会到这一善的力量经由全身的经络而流贯到身体的各个不同部位的场景，而使它们都浸润到这善的光辉之中。这是工夫的第四个环节。这个“扩充积实”的过程既是优而游之、浸润日久的结果，同时也是一个重要的工夫环节，这个环节实际上就是前面所讲到的移体工夫。从天地清明之气中体认到善的力量，到信任这一力量，再到有之于己，最后扩充到身体的各个部位，这就是甘泉这里所讲的静养端倪工夫的四个环节。

第三节　静悟本体

与程颐、朱熹仅将静坐工夫视为辅助性的修身手段不同，在江门学派这里，静坐是一种可以直接体悟到心性本体的工夫。“悟道”经验可以说是理学家在求道过程中都会遇到的精神现象，它牵涉到悟道者自身精神生命（这包括我们的形体或躯体）的蜕变与转化。不仅如此，如果我们仔细分析这种静悟的过程，它还有一些较为固定的环节，以下我们通过分析陈献章与湛若水年轻时从未得到自得过程中的悟道体验来分析作为静悟工夫的静坐。

陈献章二十七岁时投在吴康斋门下，康斋以古圣贤的典籍教之，白沙也非常刻苦努力，但苦下工夫之后并没有任何收获，于是他返回新会家中，最开始他把自己关在书房小屋勤奋读书，以致废寝忘食，甚至有点用力过猛，

“初志勇锐，用功或过，几致心病”[①]，但最终也没有获得为学向善的力量。后来，他大概从孟子那里得到启发，“学有不得反求诸己”“舍彼之繁，求吾之约”，他最终通过静坐悟到进入圣学之域的门径，对于这段经历，白沙自己这样回忆道：

仆才不逮人，年二十七，始发愤从吴聘君学。其于古圣贤垂训之书，盖无所不讲，然未知入处。比归白沙，杜门不出，专求所以用力之方。既无师友指引，惟日靠书册寻之。忘寝忘食，如是者亦累年，而卒未得焉。所谓未得，谓吾此心与此理未有凑泊吻合处也。于是舍彼之繁，求吾之约，惟在静坐。久之，然后见吾此心之体隐然呈露、常若有物，日用间种种应酬，随吾所欲，如马之御衔勒也；体认物理，稽诸圣训，各有头绪来历，如水之有源委也。于是涣然自信曰：“作圣之功，其在兹乎!”有学于仆者，辄教之静坐。盖以吾所经历、粗有实效者告之，非务为高虚以误人也。执事知我过胡先生而独不察此，仆是以尽言之，希少留意。馀不屑屑。[②]

① 林光：《明故翰林院检讨白沙陈先生墓碣铭》，《南川冰蘖全集》卷六，第177页。

② 陈献章：《复赵提学佥宪（一）》，《陈献章集》上册，第144—145页。

白沙这里并没有对悟道如何发生的过程有非常详尽描述，这一点我们在甘泉那里可以更好看到。他主要是对悟道的内容，以及悟道之后的效验。“见吾此心之体隐然呈露、常若有物”，这是白沙悟道得到的内容。为什么要用“隐然”“常若”这两个词？这两个词从字面意义看，它们仿佛是带着某种不确定。我们应从两个角度去理解：第一，心体作为一“物”，如果可以将它称之为物的话，一定不是我们日常生活中通过感官所能把握到的物，它或许是一种精神物（或力量）；第二，语言是有限度的，当我们要借助它来传递那种需要通过自得、自洽而体认到的心体力量，它必须通过“隐然”“常若”这些带有消解意味的词汇来更好呈现心体的全体性，否则，容易陷入一己私心私意的独断。对于所悟的内容，或者说，如何确认这种体悟并不是一个虚幻的光景，而是实实在在的，最好的办法其实是通过工夫的校验，也就是“日用间种种应酬，随吾所欲，如马之御衔勒也”。工夫做得再好，最终是要去应事接物的，这或许是白沙与禅宗之间一个很大的区别，但应事接物必须有所主宰，就像我们驭马一样，缰绳应该成为骏马驰骋的方向，而不是由马肆意牵引我们。此外，除了通过应事接物来检验悟道内容，还必须通过与儒家圣贤经典的印证来确保这一悟道并没有歧入旁门左道，所以，“稽诸圣训”这一环节在白沙的整个悟道中很重要，这也是他作为儒门弟子的宗派自觉。通过这一系列的过程，最终沛然自信，力量无穷无尽。所以，从白沙这篇文章中，我们大概可以对其悟道过程的环节做一下归纳：①累年而卒未得（的精神困惑）→②静坐→③稽诸圣训皆有印证→④自信作圣之功。

白沙教人从来不以虚语，“以吾所经历、粗有实效者告之，非务为高虚以误人也”，所以当甘泉由梁景行绍介游白沙门下时，师徒间便授受此静坐工夫。但是，甘泉也有与白沙类似的学思历程，从未得到自得，他在三十二岁时悟到“随处体认天理”学问宗旨，并终身持守。湛若水对他青年时代这一悟道经历后来有很多回忆，但是对于这一次经历最为详尽的描述还是在他给老师陈白沙的去信中，信中这样写道：

> 门生湛雨顿首百拜尊师白沙老先生函丈执事：自初拜门下，亲领尊训，至言勿忘勿助之旨，而发之以无在无不在之要，归而求之，以是持循，久未有落着处，一旦忽然若有闻悟，感程子之言“吾学虽有所受，天理二字却是自家体认出来”，李延平云“默坐澄心，体认天理”，愚谓“天理”二字，千圣千贤大头脑处，尧舜以来至于孔孟，说“中”、说“极”、说“仁义礼智”，千言万语，都已该括在内。若能随

> 处体认，真见得，则日用间参前倚衡，无非此体，在人涵养以有之于己耳，云云。丁巳冬十月一日，门生湛雨百拜顿首，顿首谨启。[①]

江门学派的悟道经验并不是一个神秘主义的过程，虽然这种经验是自得的，但是可以得到理解和言说。甘泉在这里的论说比白沙更为细腻，下文的分析将以甘泉的文本为中心，并结合白沙的悟道经验来分析江门学派这种悟道经验的过程与内容。

一、悟道的过程

悟道现象的发生往往需要悟道者在精神上进行充足的准备，而这与悟道者强烈的精神困境密不可分。对白沙来讲，这种困境是“如是者亦累年，而卒未得焉”“此心与此理未有凑泊吻合处”。而对甘泉来讲，这种精神困境同样是从学江门之初时身体与精神始终未能处于一种“凑泊”的状态。所谓“凑泊”，实际上是个体内在的精神生命与外在周流不息的天道融贯一体，而处于这种状态下的人其身体与精神高度协调一致，常常表现出一种精神境界

① 湛若水撰，黄明同主编，刘兴邦整理：《上白沙新生启略》，《湛若水全集》第二十一册，上海古籍出版社2020年版，第213页。

的愉悦自适。

彼时，湛甘泉的精神困境大概有两个来源。一个是甘泉从小所受的教育是要在世俗中追求建功立业，读书是为了考取功名，而这与自己精神生命的安顿几乎毫无关联。但是陈白沙所教授的学问则令人耳目一新，它是一种关乎自己身心性命的自得之学，是要去学做圣人的学问。这两种学问在宗旨上有着泾渭之分，所以白沙在见到甘泉之初便以“此学非全放下，终难凑泊”作为指点告诉他，而甘泉也以“焚烧会试部檄”显示自己与旧学诀别的决心。

显然这种诀别其形式意义远比其实际效用要大得多，两种学问在一个年轻的求道者心中所造成的矛盾和困惑并没有随着这一“焚烧”得以解决。或许，甘泉只是从这一“焚烧”中得到一种向往圣贤学问的志向，但是他仍然不知道从何处下手。白沙虽然告诉他以全放下工夫，全放下便是勿忘勿助的自然工夫。这对初闻圣学的甘泉来说只是一些过于高妙的话头，无法圆融地理解，“先师自然之说，初时闻之，犹似打量不过”[①]。“打量”并不是一种从门外向门内的探头探脑，而是必须进入到门房之内，并将自己的身心浸润到其中细细打磨。求道心切却未得头脑，一则茫荡无主，二则如脚踩棉花一般无所着力。而这需要

① 湛若水：《天关精舍语录》，《泉翁大全集》卷十三，嘉靖十九年刻，万历二十一年修补本。

一把可以打开房门的钥匙，这把钥匙便是做学问的头脑，也是做工夫的着手处。白沙的指点并未向甘泉传授这一把钥匙，或许白沙也认为这把钥匙该由甘泉自己自得而来。旧学与新学不断的冲击以及求道不得其门所造成的精神困境在时间中不断翻滚（久未有落着处）、越积越深。一个“久”字看起来直白，但我们仔细揣摩其个中意味，甘泉彼时内心那种求圣心切而丝毫未得的焦虑与无力感以及这种焦虑与无力所引发的撕裂身心的痛苦也不难体会。

从甘泉的描述来看，除了悟道者必要的精神准备，悟道的发生还需要其他一些条件。这些条件的产生与悟道者具体的修习方法密不可分。这种方法便是静坐，洪觉山在回忆甘泉游学江门时曾指出其“独居一室”[①]，“独居一室”完全与白沙一致，所谓“杜门独扫一室，日静坐其中”[②]。静坐是湛甘泉当时最为重要的修习方式已无可疑。静坐与甘泉此处描述的悟道的时间密切关联。信中讲到悟道的时间是在“一旦”“一”字表明其不期而至，而“旦”字则清楚指明其时间是夜尽日初出之时，即清晨。

虽然不期而至，但这并不完全是一种偶然。湛若水在西樵山烟霞洞也有过一次悟道经历：“烟霞中夜悟此一段甚适，复检程子书云：‘至其理乃格物也。致知在所养，

---

① 洪垣：《湛甘泉先生墓志铭》，《增城沙堤湛氏族谱》卷二十八。

② 张诩：《白沙先生墓表》，《陈献章集》附录二，第883页。

养知莫过于寡欲。’乃先得我心之所同然者。”[①]那一次的悟道发生在中夜，也就是夜半时分。孟子有所谓平旦之气和夜气的讲法，这后来被宋明儒所发挥，认为修道者在平旦和中夜之时修习最容易体贴到天地清明之气。与其他理学家一样，湛甘泉也有在平旦和中夜静坐修炼的习惯。唯其如此，悟道的经历才得以出现。在平旦和中夜静坐，于修习者来讲容易出现一种“寤寐”的出神状态，这时修习者的精神意识间于清醒与迷糊之际，恍恍惚惚。正是这种清醒与迷糊之间的寤寐状态，才促成了这次悟道体验的不期而至。

“忽然若有闻悟”，像个不速之客突然来了，仿佛发生了但又不敢确定，就在这“忽然若有”之间，体悟又是通过“声音—听觉”这种特定的形式来传播某种信息才得以发生（闻悟）。这些信息并非无中生有，它们来自甘泉平日所暗自用功的经典。这些经典都是“圣人之精（气）”[②]，但其中所蕴含的信息平日不易被体悟到，而在平旦或中夜（天地间气最为清明），它们却通过声音（也是一种气）这种形式而被甘泉所获取。看似神秘，又不神秘，这是通过“气”这一种能量进行传递。

---

① 湛若水撰，黄明同主编，刘兴邦整理：《寄陈惟浚》，《湛若水全集》第二十一册，上海古籍出版社2020年版，第248页。

② 湛若水撰，黄明同主编，郭海鹰整理：《樵语》，《湛若水全集》第十二册，上海古籍出版社2020年版，第19页。

直到这时，整个悟道过程并未结束，它的完成还需要一个重要的环节，即将心中所闻悟到的内容与儒家的经典（或先贤的名言）进行印证："感程子之言'吾学虽有所受，天理二字却是自家体认出来'。李延平云'默坐澄心，体认天理'。" 以此来印证自己所闻悟到的内容正确无误。对儒家的经典进行印证是甘泉悟道体验中必不可少的环节，这并不是孤例。上文所引烟霞洞夜悟格物之指时，甘泉也有"复检程子书"的举动。而在陈献章的悟道经历中他也是如此，"稽诸圣训，各有头绪来历，如水之有源委也"。这实际上是通过诉诸人类群体的历史的精神生命，使悟道者独特的精神体验在其中得到共鸣和统一，而升华成一种具有普遍价值的公共精神经验。只有通过这一步，悟道者的体悟才不是一种"自说自话"的私己行为，悟道现象也才能得到理解而不是神秘不可言说的。

从这里我们看到，湛若水的悟道过程也与白沙类似，大致由四个环节构成，四者缺一不可：①久未有着落处（的精神困境）→②平旦（或中夜）的静坐→③忽然若有闻悟→④复检经典进行印证。

二、悟道的内容

悟道产生于一种极端的精神困惑，而它所产生的积极效应则往往伴随着这种精神困惑的解决。在造成湛若水精神困惑的两个原因中，找不到做学问的头脑对他来讲更为急切和关键，而一旦找到为学头脑进入圣学门域，那么徘徊在旧学与新学之间的那种揪心也便不攻自解。对甘泉来讲，经此一悟，他所体认到的这个头脑是天理：“天理”二字，千圣千贤大头脑处，尧舜以来至于孔孟，说“中”、说“极”、说“仁义礼智”，千言万语，都已该括在内。这个天理是甘泉自己所悟得，他曾说：“先师虽不曾说破，而初授必有事焉一节，后来自用功得之‘天理’二字，知所有事在此，质于先师，先师深然之，谓着此一鞭，何患不到古人佳处也。”[①]

需要注意的是，头脑对甘泉本人来讲，不仅仅是一个工夫的根据，而且也是精神和价值安顿的所在，它是内在精神生命的主宰，充塞流贯其中。在这个意义上，甘泉这一悟绝不只是在工夫层面上的入处与抉择，而且是一种直指本体的悟道体验。他要确认这种为善成圣的道德根据与力量均来源于自身，而非来自外界，钟彩钧先生评点甘泉此悟认为“甘泉之悟在知天理为我本有，因而亦是自然的”[②]可谓得当。进而我们看，湛甘泉所体悟到的这个头脑是天理，而不是其他（如良知），这与他的为学经历分不开。陈白沙在甘泉入学初时便授之以二程子之书，“甘泉

---

① 湛若水：《答问》，《甘泉先生续编大全》卷二十八，嘉靖三十四年刻，万历二十三年修补本。

② 钟彩钧：《湛甘泉哲学思想研究》，第361页。

子三十而游江门，江门夫子授之程子之书”[1]。“天理”二字是二程思想的关键词，日日浸润其书之中，必潜移默化受其影响，体悟到天理作为其学问头脑便不足为奇。倘若白沙所授是孟子之书，或许甘泉悟得良知为学问之头脑亦未可知，这些便是为学之机缘不同。当然，甘泉所体悟到的这个天理并不是一个空洞的形式规定，而是有丰富的内容，它涵括了圣贤所说的中、极、仁义礼智，当然也包括孟子所讲的良知，只不过它们均是天理不同面向的显现。同时，修道者所体悟到的天理其内容也是不断流变充盈的，它随着修道者人生阅历、精神境界的变化和丰富而随之充实，故此甘泉方有“可念二三十年未得了手”的感叹。

除了为学之头脑，这封信最后还言及如何具体地做工夫，“若能随处体认，真见得，则日用间参前倚衡，无非此体，在人涵养以有之于己耳”，白沙见信后复之：“日用间随处体认天理，着此一鞭，何患不到古人佳处。”[2]这句话也是人们将甘泉随处体认天理思想归之于丁巳所悟内容的主要根据，当然严格讲，“随处体认天理”这六字最初乃是陈白沙对甘泉来信的高度概括，而非湛甘泉首提之。

抛开这些文字上的枝节，我们这里关注的是湛甘泉

---

① 湛若水撰，黄明同主编，程潮整理：《大科训规序》，《湛若水全集》第十二册，上海古籍出版社2020年版，第165页。

② 陈献章：《与湛民泽（十一）》，《陈献章集》上册，第193—194页。

对工夫节次的描述：第一，体认真见得；第二，涵养以有之于己。第一层中讲的内容还延及另一个重要问题，即是“一与万”如何融贯的问题（即为何真见得则日用间无非此体），说到底是“随处”与“吾心”如何贯通。这里，甘泉没有解决这一问题，也似乎未意识到此会是一个问题。此外，“无非此体”的“此体”所指为何，甘泉也未明说。当甘泉讲“体认天理”时，其“体认”之意褊狭，它是指真切体见到“天理”，更多地指“知”道的一面；另外，真见得此体并不足够，关键还在于要在心上做涵养的工夫，将其转化为自身的一部分。然而，在新泉讲学时，甘泉以“随处体认天理”六字授徒，其“体认”意涵则更宽而兼有涵养之意。换句话讲，工夫是即体认即涵养的，而此时甘泉思之未精，这两层含义未能无缝对接、融贯为一体，给人有二分之感。虽然工夫看起来有两个不同的节次，但是“随处”二字基本上落实到“本心”之上，甘泉早期的工夫论说其重心依然着落在内心的涵养上，这一点完全反映在这一时期的作品中。也是因为这个原因，湛若水对其工夫尝有两端而遗其一之叹：“吾年五十而后学渐得力，盖从前未曾深加致知之功，虽力行涵养而未能真知。”[①]这是由于湛甘泉此时的思想还在陈白沙的笼罩之

① 湛若水撰，黄明同主编，刘兴邦整理：《知新后语》，《湛若水全集》第十二册，上海古籍出版社2020年版，第118页。

下，吕思勉先生曾指出，“白沙之学，吃紧工夫，全在涵养”，可谓至当。

总之，焚烧会试部檄只是湛甘泉立志圣学的一个形式标志，而只有到了丁巳之悟完成以后，甘泉方才找到圣学工夫的根底与方向，做工夫方有主宰不至茫然失荡、有所着力不至脚踏棉花。自是而后，湛甘泉从寻觅到的圣学门径中与旧学中的自己彻底诀别，完全进入到提升道德生命与精神境界的自得之学中，一心投入希圣求道的修炼事业，尽管这条道路充满了荆棘与崎岖。

第四节 观天地生物气象

观未发前气象是宋明儒，特别是道南一脉重要的工夫话头。而所谓未发之谓性，所以观未发气象便是观未发之性体。尽管已发亦可观，“恻隐之时可以观仁，羞恶之时可以观义，辞让之时可以观礼，是非之时可以观智”[①]，但显然没有观未发之中更加直接。而江门学派将“性”理解为天地万物一体，所以，无论是观“心”还是观“物”，都是去体认天地之间一体不容已的生意。

在陈献章那里，静坐更加注重技法和场所，比如他有跏趺坐、瞑目、调息法等，但他对鸢飞鱼跃的天地生意亦有观，白沙有诗曰：“生意日无涯，乾坤自不知……静坐

① 湛若水：《新论》，《泉翁大全集》卷二，嘉靖十九年刻，万历二十一年修补本。

观群妙，聊行觅小诗。”[1]又有，“病叟山中观物坐”[2]，这便将静坐与观天地生物气象联系起来讲，突出静坐法中自然宗旨的一面。天地不言，四时百物皆是教法，皆是生意。湛若水接受了白沙将静坐与观天地之物联结起来的做法，并且多有发挥。

对湛若水来讲，静坐也有场所与时间的要求，对于修习的时间，甘泉大概有两种说法：第一种是终日静坐，屈大均所讲的“日夕端坐”便是此意；第二种则是中夜以坐，反映这一点的诗作很多，这里只举两例说明：

朱明夜坐久雨喜见月色[3]

山月圆明照八方，只应云雨蔽清光。

拥衾独倚朱明坐，中夜蟾光已到床。

小朱明洞榻上作示诸生[4]

大科入霞汉，幽栖凌其巅。独立群物表，四顾何哂然！楼居在云外，床敷在楼垣。夜半风雨作，殷雷起山根。衰翁正兀坐，观我不见身。

---

① 陈献章：《四月（二首）》，《陈献章集》上册，第339页。

② 陈献章：《丁县尹惠米，时朝觐初归》，《陈献章集》下册，第421页。

③ 湛若水：《朱明夜坐久雨喜见月色》，《甘泉先生续编大全》卷十九，嘉靖三十四年刻，万历二十三年修补本。

④ 湛若水：《小朱明洞榻上作示诸生》，《甘泉先生续编大全》卷十七，嘉靖三十四年刻，万历二十三年修补本。

这两首诗指出静坐的时间在“中夜”“夜半”，所谓中夜大概在晚上十时到次日凌晨二时这一时段，选择这个时段修习静坐与孟子所讲的“夜气”关系密切。理学家认为中夜之时天地之气最为清明，这个时候静坐最容易观到天地万物一体之生意。但是这两首诗不只反映静坐的时间，还蕴含着静坐的场所与具体的做法。静坐的场所很明确，就是在朱明洞，也就是石洞。选择石洞静坐可能受到道教影响，例如王重阳曾造活死人墓（石棺）进行修习。古人认为石洞乃集天地灵气而成，所以在石洞中静坐更容易洞察到天地之造化，而使修习者观感到天地万物一体之生意。

此外，诗中还蕴含着静坐的坐法和观法。所谓“兀坐”是对坐法的说明，而“观我”则是对观法的说明，它涉及所观的对象。“兀坐”即危坐、端坐之意。所谓“端”者，笔直、不曲斜之意，它是指身体的躯干保持笔直的状态，这是对坐姿的要求。但是，湛若水所讲的“兀坐”重点并不在于外在的姿势，而在于强调静坐时本心所处的状态。所谓“危”者有战战兢兢之意，它指静坐时本心应当始终处于一种高度紧张、收摄的状态，不能有所走失，这是一种“敬”的状态。而静坐之观法，所谓“观我”之“我”乃是“我心”之省略，尾随其后之“身”正与之相对。所以，这里的“观我”即是“观本心”，它的方向是内向的。本心并不像物象、鼻端，或者流动的鼻息，观者可以通过身体的感官“捕捉”到它们，这种“观”往往是强力的硬把捉，难逃人为的刻意安排。

同时，对本心之内观也不是一个将自我意识转化为一种内意识的过程，因为本心原本就不是一个可以被对象化的对象。对本心的内观实际上也就是宋儒所讲的“观未发前气象”，未发前的状态就是一个“中思”的状态。湛若水很重视“中思”这一概念，其五十八岁居樵之时给黄佐的书信便已提出，当时它只表示一种不出位之思：“毋前尔思，毋后尔思，毋左尔思，毋右尔思，故曰‘中’。中思也者，中心也。故曰：‘中心无为，以守至正。’至正，无邪思也。若夫左右前后而思焉，出位耳矣，恶能勿邪？故中则正矣，中正一以贯之，而圣学备矣。”[①]彼时，湛若水还没有将其与静坐联系起来，但晚年的甘泉却常常将这一概念与静坐联系在一起讲，用以描述静坐时的状态。

鸡鸣一章示诸生[②]

鸡鸣起为善，拥衾坐中思。乘此夜气生，丕显亦

---

① 湛若水撰，黄明同主编，汪廷奎、刘路生整理：《赠别黄太史序》，《湛若水全集》第十六册，上海古籍出版社2020年版，第140页。

② 湛若水：《鸡鸣一章示诸生》，《甘泉先生续编大全》卷十七，嘉靖三十四年刻，万历二十三年修补本。

无为。汤周云待旦，待之乃何施？不待以不先，从心任化机。

再拈六言代简蒋道林未尽之意三首（其三）[①]

坐忘不忘之间，中思直到天然。问我天然何似？人力丝毫不存。

对本心的观感尽管是一种独特的修身体验，但它并不是一个神秘的过程，我们可以通过中思与静坐之间的关系进一步揭示这种体验。我们知道，对本心的内观就是修习者在静坐时对“中思”这一状态进行观感，其实也就是观所谓的“未发之中”。这种“观”并不是以“中思”或者“未发之中”为所观的对象，而是强调这种“观”所处的状态，这种状态是一种“无在无不在”的状态。在这个意义上，对本心之内观就是上诗所讲的这种所谓的“坐忘不忘之间”之“观”。

“坐忘”是《庄子·大宗师》中的重要概念：“堕肢体，黜聪明，离形去知，同于大通，此谓坐忘。”郭象对此的注解是：“夫坐忘者，奚所不忘哉？既忘其迹，又忘其所以迹者，内不觉其一身，外不识有天地，然后旷然与变化为体而无不通也。”依着庄子本意以及郭象的解释，

① 湛若水：《再拈六言代简蒋道林未尽之意三首》，《甘泉先生续编大全》卷二十四，嘉靖三十四年刻，万历二十三年修补本。

道家意义上的“坐忘”是通过对形体与智慧的消解而达到一种与天地相通的状态，它是一种负面的工夫。初看起来，道家的这种“坐忘”工夫所达到的似乎与儒家所讲的天地万物一体是一致的。可是，细究之下又有所不同，因为道家是通过“忘身”，也就是对身体的消解而达成这种状态，因此，儒家所认为的作为天地万物主宰的吾身心本体也在这一消解中消失。

在这种意义上，湛甘泉对坐忘的理解并不同于道家。因为在他看来，身体并不完全是修道过程中负面的因素，所以修习并非要去消解身体，而是要转化身体，挺立吾身心的本体地位。很多时候修习者未能产生与天地万物一体的高峰体验，这与其身体所造成的区隔或限制有关。而拥有这种高峰体验的经历者往往是成功转化了身体的这种限制，因为身体是天地之气与本心之间的通道。在这种意义上，“坐忘”在甘泉那里依然是一种积极的工夫。

除了内观法之外，在湛若水这里，静坐还有所谓的外观法，这其实是所谓的观天地生物气象。从广义上来讲，观天地生意并不仅限于静坐。湛若水提倡在山水之间随机指点教学，也是基于对生意的观感。门人王崇庆尝讲天地文理斐然，颇为可观：“天地之文章，如大而风云之变，小而草木之蕃，及山川委曲之类，皆可见之。常观亭前花上，蜂蝶丛积，五色互映，灿然烂然，因叹化工之妙，不可揣度，毕竟实理为之地耳！所谓‘其为物不二，则其生物不测’者也，因成一诗并录焉：‘秋来五色菊如云，造化真成一段文，多少良工心独苦，可怜妆点自纷纷。’”王崇庆这番观天地文章的言论虽然颇有些见地，但只是从天地造化所呈现出来的景象入手，而未能窥见天地造化之精神命脉。因此甘泉对他这番言论评说道：“观其文亦是，更不如观其生意，即可知天地造化之大。”[①]在甘泉看来，造化之生意才是天地造化之精神命脉，而观天地造化之生意实际上为了使观者能够在天地造化生意之中观感到自家心体之生意，观感到“天地万物一体”之性，而挺立自家向善、为善的心性本体。关于这一点，甘泉讲论颇多，这里再举一例：“虫之感也，以春而鸣；草木之感也，以阳而生。观其所感，而天地之仁可见矣。虫之寂也，蛰而息；草木之寂也，归其根。观其所寂，而万物之仁可见矣。”[②]另外，湛若水这种外观法还与其所讲的存息工夫密切相关：

> 夫息存箴何为者也？明心也。夫序何为者也？明箴也。叙以明箴，箴以明心，而圣学尽之矣。圣人之学，心学也。夫盈天下之间之人之息，一也，则盈天

---

① 湛若水撰，黄明同主编，刘兴邦整理：《问疑录》，《湛若水全集》第十三册，上海古籍出版社2020年版，第263页。

② 湛若水撰，黄明同主编，刘兴邦整理：《知新后语》，《湛若水全集》第十二册，上海古籍出版社2020年版，第114页。

下之间之人之存宜一也，而有不一者何？弗觉耳矣。弗觉则无息而或存，觉则一息一存，一呼一吸，一出一入，通天地以为息，浑然与万物同体矣。太公普仁体明，而圣学备矣。息息存存，道义之门，是故存乎觉。作叙箴，周生学心等请书而刻诸云谷书院息存之堂，以觉来裔云。

人心之神，俨乎天君，胡不守尔宅，而逐逐奔奔，形与神离？他乡莫知，出入无时，伊谁之为？匪出匪入，匪忘则执，窒尔天窍，而不顺天之则。匪鼻端之白，匪周天之息，息与天通，与天无极，而存之乎呼吸。一息之呼，吾气通天，与天同舒，草木蕃敷。一息之吸，天气通吾，与吾同翕，龙蛇藏蛰。靡吾靡天，通为一体，形分气梏，皮肤尔汝。一息一念，一念一天，是谓息存，与天浑然，是谓息至。自息至刻，至时至日，日至月至，三月不违。过此非我，天行无遗。[①]

存息法与佛教所讲的观鼻息不同，这个区别倒不是在于“息”。在某种意义上，存息所存之息也就是鼻端之息，因为鼻端之一呼一吸其实也是天地之一翕一辟。这个

① 湛若水：《湛子约言》卷三，《甘泉先生续编大全》卷二十九，嘉靖三十四年刻，万历二十三年修补本。

“息”是一个天地之息。而存息与观鼻息的方法的区别在于观鼻息的方法是要修习者找到一个精神或意识集中之点，从而帮助修习者把心烦意乱之情绪逐渐稳定下来，它已经将鼻息物化，这是一种不自然的硬把捉；而存息则是要求修习者直接于天地之一翕一辟与人之一呼一吸之间，通过二者的交融、涌动而察识、体贴天地间一体的生机、生意，把这一翕一辟、一呼一吸之间所呈现出来的生意存养、转化为自身所有。两者最根本的区别在于“自然”二字，也就是是否在勿忘勿助、无在无不在之间去观感、存养这天地之息。

第五节　静与敬

有论者认为白沙主静、甘泉主敬，那么，湛若水究竟是发展了白沙的学说思想，还是歧出师门，重走程朱理学的旧路呢？黄节先生在1908年刊发的《岭学源流》一文中认为白沙之学与甘泉之学“不能无异”，白沙之学主静，而甘泉之学主动[①]。容肇祖先生更指出：“他（指湛甘泉）觉得主静不无流弊，固主张‘事上求仁，动时着力’。而以静坐为过，以静为禅，而又主张动静一于敬了。”[②]在这一小节，我们将努力呈现江门学派内部这种思想张力，并试图说明湛若水讲学话头由“静”转“敬”背后的原因所在。

① 黄节、邓实主编：《国粹学报》第九册，广陵书社，第4482—4483页。

② 容肇祖：《明代思想史》，开明书店，1941年。

一、白沙诗语如禅语

陈献章静养端倪的工夫究竟与佛教禅宗有何关系，这恐怕是白沙提揭此教后便已遭到的误解与要澄清的问题。白沙曾在与赵瑶往来的书信中坦承他当时所受到的诸种误解与批评：

> 承谕有为毁仆者，有曰“自立门户者”，是“流于禅学者”，甚者则曰“妄人，率人于伪者”。凡于数者之诋，执事皆不信之，以为毁人者无所不至，自古圣贤未免见毁于人。甚矣，执事之心异于时人之心也！仆又安敢与之强辩，姑以迹之近似者为执事陈之。孔子教人，文行忠信；后之学孔氏者，则曰“一为要。一者，无欲也。无欲则静虚而动直”，然后圣可学而至矣。所谓“自立门户者”，非此类欤？佛氏教人曰静坐，吾亦曰静坐；曰惺惺，吾亦曰惺惺；调息近于数息，定力有似禅定。所谓“流于禅学者”，非此类欤？[①]

说白沙为禅宗自然是对他立教的误解，但这种误解在某种程度上亦是他自己所造成的，比如他自己赋诗曰：

① 陈献章：《复赵提学佥宪（三）》，《陈献章集》上册，第147—148页。

"老去人间久废谈，青衫不改旧图南。道超形气元无一，人与乾坤本是三。何物坐中春块圠，几时镜里雪鬑鬖？白沙诗语如禅语，试着南安太守看。"[①]白沙竟然自述自己诗语如禅语。又比如，他仿照佛教，将江门钓台作为衣钵传给湛若水。当然，他是就思想表达的形式来讲的，其本体并不如此。湛若水也曾就当时学界对白沙禅学这一误解作出梳理："以为禅者，皆起于江右前辈，白沙先师自得之学，发于言论，不蹈陈言，遂疑是禅。故胡敬轩《居业录》有二处：一以《答东白先生书》'藏而后发'之语为禅，水辨之曰：'然则《中庸》溥博渊泉而时出之者，亦禅矣乎？'一以'静中养出端倪'之语为禅，水辨之曰：'然则孟子夜气之所息，及扩充四端之说，亦禅矣乎？'盖人之心，天理本体具存，梏之反复，则亦若无有矣，实未尝无也，夜气养之，则本体端倪，遂从此涵养扩充盛大，则天理流行矣，何以谓之禅？后世必有能辨之者。水非虑后世人遂以白沙先生为禅，是累白沙先生也；恐后世圣者复作，遂疑之者之未见也。"[②]

面对外界的批评，白沙自己亦有辨正，他在与好友庄昶论及心学时便讲道："世之好事诋陈为禅者，见夫无言之说，谓无者无而无。然无极而太极，静无而动有者，吾儒亦不能无无也。但吾之所谓无者，未尝不有，而不滞于

---

① 陈献章：《次韵张东海》，《陈献章集》下册，第499页。

② 湛若水：《归去纪行录》，《泉翁大全集》卷八十五。

有；禅之所谓无者，未尝有有，而实滞于无。禅与吾相似而实不同矣。”[①]也就是说，就本体来讲，白沙虽然讲虚空，但是他看到的是鸢飞鱼跃的世界，也就是有中之空，并不是完全的空无。

白沙身后，门人张诩的工夫歧向禅宗，在给白沙作的墓表中充满禅意：“常恨石翁分明知廷实之学是禅，不早与之斩截，至遗后患。翁卒后，作墓表，全是以己学说翁，如不以手而能书，不以心而能诗，全是禅意，奈何！奈何！”[②]这令白沙心学陷于一定程度的被动境地。当时心学作为私学普遍遭遇到官学排挤的处境使得对江门心学遭受更大误解，“世人皆说石翁禅学”[③]，御史游居敬便曾论劾湛若水曰：“王守仁之学，主于致良知，湛若水之学主于体认天理，皆祖宋儒陆九渊之说，少变其辞以号召好名谋利之士。然守仁谋国之忠、济变之才，犹不可泯；若水迂腐之儒，广收无赖，私创书院，其言近是，其行大非。乞戒谕以正人心、端士习。”[④]在这种紧张情势之下，湛若

① 黄宗羲：《明儒学案》下册，第1080—1081页。

② 湛若水撰，黄明同主编，刘兴邦整理：《知新后语》，《湛若水全集》第十二册，上海古籍出版社2020年版，第116页。

③ 湛若水撰，黄明同主编，刘兴邦整理：《知新后语》，《湛若水全集》第十二册，上海古籍出版社2020年版，第116页。

④ 尹守衡：《明史窃》第75卷，四库禁毁书丛刊编纂委员会编《四库禁毁书丛刊》，北京出版社2000年版，史部，第六十四册，第478页。

水不得不考虑讲学的策略，作为衣钵传人的甘泉对白沙所定之学问宗旨进行调整。

二、白沙学非禅

湛若水在丁母忧入西樵讲学之前，他的思想路径基本上是持守白沙所教，如静坐、勿忘勿助、天机等。但从西樵山讲学开始，他的思想似乎有了新的变化，“执事敬”一语开始成为湛若水这一时期工夫论中一个重要的话头，也是他自己极为用力之地：“仆自去岁服阕后，拜疏乞养病入西樵，由与世相隔，益得与二三学子讲习，切于执事敬上用功也。”[①]如果我们注意甘泉在西樵讲学前后指称心本体的文本变化，在《中者天下之大本论》中，他以“中”来描述心体的本然状态，但是西樵讲学后，他转而以“中正”来描述心体，如“吾心中正之（本）体”。对“正”字的强调与湛若水强烈的学派正统性意识有着密切的关联，这种意识的产生与他自己当时的学术处境有关，也与当时象山学的复兴盛行相关。明正德六年（1511年），甘泉受命出使安南国，临行前好友王阳明以言赠之曰：

① 湛若水撰，黄明同主编，刘兴邦整理：《寄马伯循天曹》，《湛若水全集》第二十一册，上海古籍出版社2020年版，277页。

甘泉之学，务求自得者也。世未之能知，其知者且疑其为禅。诚禅也，吾犹未得而见，而况其所志卓尔若此。则如甘泉者，非圣人之徒欤？多言又乌足病也？夫多言不足以病甘泉，与甘泉之不为多言病也，吾信之。……今日之别，吾容无言。夫惟圣人之学难明而易惑，习俗之降愈下而益不可回，任重道远，虽已无俟于言，顾复于吾心若有不容已也，则甘泉亦岂以予言为缀乎？[①]

阳明在这篇临别赠言中透露出当时学界对甘泉学的两种批评——禅学与多言，对这两种批评，阳明为甘泉做了些许辩解。对于多言的批评，甘泉部分地接受，后亦有所自省："近亦觉多言，正于默识处用功，偶又不能不言也。"[②]这体现了他对语言使用的纠结感，以至于他对文字写作也颇为谨慎，大科书院落成之后，弟子屡请教言，而甘泉迟迟未允，直至最后不得已而做《大科书堂训规》。这种批评是儒门内部的批评，大多是学友间相互砥砺以期学问工夫共同进步，针对的是学问工夫进行的方式或风格。

---

① 王守仁：《别湛甘泉序》，《王阳明全集》第一册，第245—246页。

② 湛若水撰，黄明同主编，刘兴邦整理：《寄马伯循天曹》，《湛若水全集》第二十一册，上海古籍出版社2020年版，230页。

然而，人们将湛若水的学问判定为禅学则是对其极为严厉的质疑。这种质疑将甘泉拒在儒门之外，将其判为伽蓝异端，这对一个将儒门圣贤事业作为毕生追求的人的心理来说，无疑是巨大的打击。对湛若水的这种批评毫无疑问是顺着对其师陈白沙的批评而来。所以，辨正儒释之说不仅是澄清自己的学问工夫，更是为师门的儒学纯正性做出维护与守持。湛若水从自己的亲身求学经历，指出白沙本人对佛教禅宗的是有批评的："世人皆说石翁禅学，不然。初年想亦从这里过来，观教人只以周子圣学章无欲为言。及某梦一老人，说要山中坐一百日，以告翁，翁不欲，云：'只恐生病。'又说：'东所说虽在膏火煎熬之极，而常有清凉之气，此是禅学。'观此可知。"[①]借助儒家的先圣为自己发声，从他们那里获取理论与经典的支持是一种重要而有效的方式。湛若水从《中庸》和《孟子》中为白沙静养工夫寻找理论的支撑，而使后者获得一种思想的正统性。对自己学术思想的建构与辩护，甘泉亦采取同样的方式，比如他通过对《论语》中"执事敬"一语的重新诠释而使其思想主张与《论语》无缝对接；再如《遵道录》的写作也是借古而言今。

同时，湛若水对儒门纯正性或正统性的强调还与其

① 湛若水撰，黄明同主编，刘兴邦整理：《知新后语》，《湛若水全集》第十二册，上海古籍出版社2020年版，第116页。

对当时学风“乐超逸而厌平易，好径捷而恶中道，崇象山而忽二程子”的深深忧虑有关。甘泉这种担忧并非直接针对象山本人的学问工夫，事实上他对“象山是禅”亦多有辨正：

> 知执事……且以象山为禅。于何以为禅？以为禅也，则陆集所云于人情物理上锻炼，又每教人学、问、思、辨、笃行求之，似未出于孔门之规矩，恐无以伏其罪。惟其客气之未除，气质之未变化，则虽以面质于象山，必无辞矣。仆昔年读书西樵山时，曾闻海内士夫，多宗象山。仆时以为观象山宇宙性分等语，皆灼见道体之言。以象山为禅，则吾不敢，以学象山而不至于禅，则吾亦不敢。盖象山之学虽非禅，而独立高处。夫道，中正而已矣，高则其流之弊不得不至于禅，故一传而有慈湖，慈湖真禅者也……仆因言学者欲学象山，不若学明道，故于时有《遵道录》之编，乃中正不易之的也。若于象山，则敬之而不敢非之，亦不敢学之。①

在甘泉看来，象山的学问见解虽然高妙超脱，但是

① 湛若水撰，黄明同主编，刘兴邦整理：《寄崔后渠司成》，《湛若水全集》第二十一册，上海古籍出版社2020年版，第304—305页。

毕竟能下真实切己工夫，故其所见非空空然也，还是能够洞见到心性本体之真义。所以他对象山学问的总体评价是“象山非禅学，然而高矣”：虽独立高处，但是毕竟不是禅学。象山学问虽未至禅学，然而由于过于高超，并非一条学者人人可由此而进入圣贤门域的中正道路，它有其弊端：“高则其流之弊不得不至于禅。”“海内士夫，多宗象山”，甘泉又再一次表露他的忧心，因此他转而向二程子那里求取思想资源，救正学风，为学者谋取一条不偏不倚的中正之道。这也是其编撰《遵道录》的原因，关于这一点甘泉后来也多有此述：“象山亦见个大头脑处，不可谓无见，……今之学者多尊崇之，至以出于明道之上，此吾《遵道录》所以作也。其徒杨敬仲之学，近日人又尊之，只是厌常喜新耳！”①

正是洞察到当时学界风气极偏向于内在心性的涵养，而担忧学者滑向禅宗异端，故此甘泉开始深刻反省自己前期修身工夫之得失，改变自己前期修身工夫偏重于内在心性的涵养而忽略致知工夫的做法，而倡导一种贯穿于内外、动静的中正合一之学。这是对当时学界思潮的反应，及其对这一思潮可能产生的流弊的一种救正。

---

① 湛若水撰，黄明同主编，刘兴邦整理：《问疑录》，《湛若水全集》第十三册，上海古籍出版社2020年版，第247页。

三、执事敬

“执事敬”语出《论语》，当我们讲到敬的时候，最容易让想起“敬以之内，义以方外”“涵养须用敬，进学则在致知”这样的说法。这些话语中的“敬”是一种内在的涵养工夫，是尊德性与道问学这两轮工夫中的一端。这是我们所熟知的朱子学的敬义，朱子的“主敬”工夫并不是从心性本体中直接发动，而是对知觉意识的调整控制[①]。湛若水对敬工夫的重视，被认为是对白沙的歧出，但事实上，陈献章自己亦对“静”与“敬”工夫有所辨正：

> 伊川先生每见人静坐，便叹其善学。此一静字，自濂溪先生主静发源，后来程门诸公递相传授，至于豫章、延平二先生，尤专提此教人，学者亦以此得力。晦庵恐人差入禅去，故少说静，只说敬，如伊川晚年之训。此是防微虑远之道，然在学者须自量度何如，若不至为禅所诱，仍多静方有入处。若平生忙者，此尤对症药也。[②]

所以，在白沙处，其教已有纠偏的考虑：“朱子谓专

---

① 参见吴震：《略论朱熹“敬论”》，刊于《湖南大学学报（社会科学版）》2011年第1期。

② 陈献章：《与罗一峰（二）》，《陈献章集》上册，第157页。

理会‘与点’意思，恐入于禅。白沙云：‘彼一时也，此一时也。朱子时，人多流于异学，故以此救之；今人溺于利禄之学深矣，必知此意，然后有进步处耳。’”[①]因此，并非白沙不讲敬，而是于当时为功名利禄寻寻觅觅的时人，讲静更易寻得入学门径。

此外，湛若水讲“敬”被认为重走朱熹的旧路，但事实上敬的含义和用法在他手中已经悄然发生转换：敬既指心体的本然状态，又兼指由本体所发出来的修身工夫。这种改换让他既不偏离师门的教法，又避免与官学产生更激烈的冲突。那么，执事敬在甘泉手里被改换成一种一了百了的工夫，并非只是一种朱熹意义上的偏向于本心存养的内在工夫：“孔门之学，惟有执事敬最是切要。彻上彻下，一了百了，致知涵养，此其地也。所谓致知涵养者，察见天理而存之也，非二事也。学不在多言，顾力行何如尔。张子‘言有教，动有法，瞬有养，息有存，昼有为，宵有得’，最切于力行，无走作处。”[②]从一念之微到事为讲习之间，致知涵养皆是一时并在之工夫。致知而涵养者乃察见天理而存之，乍看似为两轮之工夫，然而在致知与涵养间，敬始终贯穿在其中。

---

① 黄宗羲：《明儒学案》上册，第75页。

② 湛若水撰，黄明同主编，刘兴邦整理：《答邓瞻邓眕兄弟》，《湛若水全集》第二十一册，上海古籍出版社2020年版，第229页。

又有："其中'执事敬'一语，乃仆年来所尤得力者。此乃合内外之道，所谓一本者也，所谓一了百了者也。寻常偏内偏外，未知此要耳。"[①]偏内或偏外都是未能捉住学问的头脑，甘泉认为当时学者为学时通常所犯的毛病就是捉不住头脑："学者之病，全在三截两截，不成片段，静坐时自静坐，读书时又自读书，酬应时又自酬应，如人身血气不通，安得长进？元来只是敬上理会未透，故未有得力处，又或以内外为二而离之。吾人切要，只于执事敬用功，自独处以至读书酬应，无非此意。一以贯之，内外上下，莫非此理，更有何事？吾儒开物成务之学。异于佛老者此也。"[②]

甘泉认为执事敬工夫是一种"一了百了"的工夫大概有两种含义：一种是一以贯之之义，也就是自独处以至读书酬应，执事敬都贯穿到其中；另一种是指所有工夫的关键，只要捉紧执事敬这一工夫，其他一切事情便都会自然而然迎刃而解。甚至，当门人请教甘泉年迈入学如何弥补小学一段工夫时，甘泉一言以蔽之曰"执事敬"："甘泉子叹曰：'道之不明，学之废也。先诸小学。'或曰：'迈矣，为之奈何？'甘泉子曰：'有一言可以兼之者，

① 湛若水撰，黄明同主编，刘兴邦整理：《答陈海厓》，《湛若水全集》第二十一册，上海古籍出版社2020年版，第241页。

② 湛若水撰，黄明同主编，刘兴邦整理：《答徐曰仁工曹》，《湛若水全集》第二十一册，上海古籍出版社2020年版，第216页。

曰：执事敬。’”[①]在这种意义上，执事敬工夫无非是一种彻上彻下，随动随静、随感随寂、随有事无事，无往而非此的体认工夫。

从这里我们可以略微看到甘泉此时对静坐的态度。“静坐时自静坐”，理无动静，因此工夫亦不能限于静坐，在这种意义上，静坐不再是工夫的优先选择，它是与读书、酬应对等的一种闲居时的独处工夫。所以，在甘泉看来，“静坐固善，只恐又靠在一边，不若随静随动，内外两忘，更中正，便无事了”[②]。但是另一方面，甘泉也并没有对静坐采取一种拒斥的态度，因为静坐所带来的问题在于静坐修习者将静坐工夫支离开来，而忽视了读书、酬应等事为工夫。若是学者皆能如程明道一般，终日端坐如泥塑人，及其接人，浑是一团和气，则必为甘泉所赞赏。同时，湛甘泉通过执事敬工夫对陈白沙“静中养出端倪”进行改造，强调这是白沙接人之初的教法：

白沙先生有言云：“静坐久之，然后吾心之体隐显呈露，常若有物。”观此，则颜之卓尔，孟之跃如，盖皆真有所见，而非徒为形容之辞矣。但先生以

---

① 湛若水撰，黄明同主编，郭海鹰整理：《樵语》，《湛若水全集》第十二册，上海古籍出版社2020年版，第13页。

② 湛若水撰，黄明同主编，黄明同整理：《新泉问辨续录》，《湛若水全集》第十三册，上海古籍出版社2020年版，第157页。

静坐为言，而今以随处体认为教，不知行者之到家，果孰先而孰后乎？明道先生曰："天理二字，是某体贴出来。"是其本心之体亦隐然呈露矣，而十二年之后，复有猎心之萌，何也？意者体贴出来之时，方是寻得入头去处，譬如仙家之说，虽是见得玄关一窍，更有许多火候温养功夫，非止谓略窥得这个景象，便可以一了百了也。如何？

虚见与实见不同，静坐久，隐然见吾心之体者，盖先生为初学言之，其实何有动静之间！心熟后虽终日酬酢万变，朝廷百官万象，金革百万之众，造次颠沛，而吾心之本体澄然无一物，何往而不呈露耶？盖不待静坐而后见也。颜子之瞻前忽后，乃是窥见景象，虚见也；至于博约之功，既竭其才之后，其卓尔者，乃实见也。随处体认天理，自初学以上皆然，不分先后。居处恭、执事敬、与人忠，即随处体认之功，连静坐亦在内矣。①

甘泉这里将陈白沙静养端倪的教法视为初学入门工夫，他将白沙静养端倪的工夫纳入自己执事敬（也就是随处体认天理）工夫之中，这是调和白沙与自己教法的一种

① 湛若水撰，黄明同主编，郭海鹰整理：《新泉问辨录》，《湛若水全集》第十三册，上海古籍出版社2020年版，第65页。

策略。在这种意义上，湛甘泉只是将静坐视为一种辅助的修身工夫。

四、主一之谓敬

最早将敬与主一联系起来讲大抵始于伊川：“凡人心，不可二用，用于一事，则他事更不能入者，事为之主也。事为之主，尚无思虑纷扰之患，若主于敬，又焉有此患乎？所谓敬者，主一之谓敬。所谓一者，无适之谓一。……直内，乃是主一之义。至于不敢欺，不敢慢、尚不愧于屋漏，是皆敬之事也。但从此涵养，久之自然天理明。”①

湛若水误将伊川之言归之明道，此是有意为之或无心之失，并不是此处关心的。从甘泉这里的语脉看，主一之“主”是专主之义，只是并非专主于某一事物之上，而是专主于敬。在伊川那里，敬作为一种修身工夫，其指向的是内在的防邪存诚与外在容貌举止的庄整严肃：“闲邪则诚自存，不是外面捉一个诚将来存着。今人外面役役于不善，于不善中寻个善来存着，如此则岂有入善之理？只是闲邪，则诚自存。故孟子言性善，皆由内出。只为诚便存，闲邪更着甚工夫？但惟是动容貌、整思一作心。虑，则自然生敬，敬只是主一也。主一，则既不之东，又不之

① 《伊川先生语一》，《河南程氏遗书》卷十五，第169页。

西，如是则只是中。既不之此，又不之彼，如是则只是内。存此，则自然天理明。学者须是将一本无此字。敬以直内，涵养此意，直内是本。”[①]程颐的这种工夫完全是突出的畏与敬的特点。但湛若水通过改换“主一”的含义，而与白沙勿忘勿助工夫衔接调和起来：

> 敬字，宋儒之论详矣。惟明道主一之言至当。所谓主一者，心本无一物，若有一物即非一矣。又恐人以主一为滞着于物，故又加之云：“无适之谓一。”若了悟主一之旨，即不消云无适矣。若以主一无适兼言敬字，不免重赘也。若畏字尤难说。至如来札所谓敬亲、敬君、敬师有差，无乃俗态耳。此乃因物而迁，乃所以为不敬也。若事君亲师，非致敬，何常有一物耶？此乃紧要处，须索理会到底也。[②]

“所谓主一者，心本无一物，若有一物即非一矣”，有物侵袭则是非一、则二，二则虚明灵动之心丧。在这种意义上，非但专主于一具体事物不可取，而且专主于中、天理、或敬同样是有问题的。在甘泉看来，那些主张专主于中、天理或敬上面的思想都是“徒知主一之谓敬，不

① 《伊川先生语一》，《河南程氏遗书》卷十五，第149页。

② 湛若水撰，黄明同主编，刘兴邦整理：《答黄孟善》，《湛若水全集》第二十一册，上海古籍出版社2020年版，第280页。

知所谓无适之谓一……夫无适者，无所着也，夫然后谓之一。若谓主天理，即是有适，即是二矣。盖此心无适则是一，一则天理在其中矣”[①]。无论何种情形，心体都是“有适”而拘泥在其上，变成一种可被物化的实体。

另外，主一所指向的实则是一种心体澄然无欲的状态，这是心体虚的一面；但是，当然心体澄然无欲的时候，则天理自然而然得以呈露，这时心体又非空荡而是有所主宰的。甘泉门人谢显所讲可为此点脚注：“师尊所以每每拈出‘执事敬’示人，却甚精切，且曰：‘主一之谓敬，无适之谓一。’无适者，无物也，惟无物故能主一，主一则本体澄定，体物无遗，自一念存存，以至游息酬酢，不惟不为外物牵累，抑皆以涵养吾本体，而坚定吾之志趣耳。”[②]在甘泉这里，“主一之谓敬”的敬指向的是心体的本然状态，我们甚至可以称之为“敬体”，他又以“至敬”来称述这种敬体：“杨生曰：‘心何为而可尽？’甘泉子曰：‘其敬乎！至敬无累，明鉴无蔽。’”[③]甘泉这里所讲的两个敬字含义有所不同：前一个当是指工

---

① 湛若水撰，黄明同主编，宁新昌整理：《金台问答》，《湛若水全集》第十二册，上海古籍出版社2020年版，第218页。

② 湛若水撰，黄明同主编，黄明同整理：《新泉问辨续录》，《湛若水全集》第十三册，上海古籍出版社2020年版，第180页。

③ 湛若水撰，黄明同主编，郭海鹰整理：《樵语》，《湛若水全集》第十二册，上海古籍出版社2020年版，第8页。

夫，即执事敬工夫，而后面的敬则无疑是指心体。所以，在甘泉那里，敬始终贯穿着体与用，事实上与心体的涵养相关，敬作为工夫是由其道德本心直接发出来的。心体无蔽的状态即是其与天地万物不容已之一体状态，因此这个敬体即性体，也即是仁体。因此，在湛甘泉那里，敬是一个即本体即工夫的概念，此在甘泉所画之心性图中可直观看出。

正因为甘泉所讲之敬体即天地万物一体之仁体，故此与伊川、朱子有所不同，甘泉的主一之义多偏向于自然洒脱的一面，这与陈白沙的教导自然分不开，所谓“无累”“无蔽”是矣。因此，甘泉又称白沙之教为“因圣学以明无欲之敬，举鸢鱼以示本虚之仁”[①]。从修身工夫的层面看，则伊川所讲敬之工夫多从防邪与容貌动作之肃严开始，向内而使心处于一种敬的状态，所以他会有“严肃，则心便一，一则自是无非僻之奸”的说法；而甘泉的思路则与此有所不同：“内主乎敬，则整齐严肃见于外矣。外不整齐严肃，殆其心未之敬耳。”[②]甘泉的思路是存心则自然邪退，容貌动作自然整齐肃严合乎中道，由内而外、一

① 湛若水撰，黄明同主编，汪廷奎、刘路生整理：《奠先师白沙先生文》，《湛若水全集》第十七册，上海古籍出版社2020年版，第679页。

② 湛若水撰，黄明同主编，郭海鹰整理：《雍语》，《湛若水全集》第十二册，上海古籍出版社2020年版，第85页。

以贯之，而存心工夫又在于执事敬。

至于具体如何做敬的工夫，湛若水通过白沙勿忘勿助加以解释："勿忘勿助元只是说一个敬字，先儒未尝发出，所以不堕于忘，则堕于助，忘助皆非心之本体也。此是圣贤心学最精密处，不容一毫人力。故先师石翁又发出自然之说，至矣。……勿忘勿助之间，只是中正处也。……盖圣学只此一个路头，更无别个路头，若寻别个路头，则终枉了一生也。先儒多未说坐此苦。"[①]存心工夫就是要在勿忘勿助之间去随处察见天理，而存养为我所有，这样心事（物）、内外便自然合一。在这种意义上，勿忘勿助就是存心工夫，并不是在勿忘勿助之外别寻个存心工夫。

① 湛若水撰，黄明同主编，刘兴邦整理：《答聂文蔚侍御》，《湛若水全集》第二十一册，上海古籍出版社2020年版，第257页。

第四章 江门学派的体认天理工夫

“天理”是宋明理学最重要的概念之一，几乎所有重要的讨论都与它相关。

二程言其为学头脑“天理”二字是自家体悟出来的，道南一脉观未发前气象，亦是以体认天理为归旨，如李侗就明确指出：“学问之道，不在多言，但默坐澄心，体认天理。若真有所见，虽一毫私欲之发，亦退听矣。久久用力于此，庶几渐明。”[①]因朱熹对体认天理工夫发挥极多，他在对《大学》格物穷理进行解释时，将其释为格一草一木之理，而使后来批评者以为这是向外穷索的支离学问。典型的代表当数王阳明，他曾与钱姓学友循着朱子的教导格竹子，两人最终皆生心病，而迫使阳明转换学问的路头，以致良知为教法。这当中自然对朱子有许多误解，这里且存而不论。而江门白沙以静养工夫，以存养为要，故当湛若水以“随处体认天理”作为学问宗旨时，学者便以容易认为甘泉此番工夫是对白沙的歧出，从黄宗羲在编排《明儒学案》时，将阳明姚江学案致以白沙之后，而非甘泉学案便可见一斑。而近代研究者亦多持此论，如陈来先生在其《有无之境——王阳明哲学的精神》中就讲道：“甘泉早年特倡‘自得’之学，阳明甚契之。……但甘泉后来主‘随事

① 黄宗羲、全祖望：《豫章学案》，《宋元学案》卷三十九，第1288页。

体认天理'，与师门固有一间矣。而阳明所谓'支离羞作郑康成'，才是继承了白沙'真儒不是郑康成'的方向。"[①]当然，也有研究者持相反观点，如陈郁夫先生指出："他'随处体认天理'宗旨，仍以'勿忘勿助'为心法，在这点可以证明甘泉学的核心依旧流着白沙的血脉。"[②]

事实上，湛若水得悟随处体认天理工夫后随即向白沙报告，而得到白沙的首肯，"日用间随处体认天理，着此一鞭，何患不到古人佳处也"[③]，后来更以江门钓台许甘泉作为学派衣钵传人，说甘泉歧出师门恐怕白沙自己是不会同意的。白沙年轻时跟随康斋学而无得后，回江门静坐而得悟，"见吾此心之体隐然呈露，常若有物。日用间种种应酬，随吾所欲，如马之御衔勒也。体认物理，稽诸圣训，各有头绪来历，如水之有源委也"[④]。彼时，白沙虽未直接凝练随处体认天理工夫，但观其所悟，是可以推出在日用间随处体认天理这一结论的。所以，湛若水随处体认

---

① 陈来：《有无之境——王阳明哲学的精神》，三联书店2009年版，第12页。

② 陈郁夫：《江门学记——陈白沙及湛甘泉研究》，学生书局（台湾）1984年版，第42页。

③ 陈献章：《与湛民泽（十一）》，《陈献章集》上册，第193页。

④ 陈献章：《复赵提学佥宪（一）》，《陈献章集》上册，第145页。

天理工夫受到误解太多了，当然这与他为回持师门而引入程朱“主敬”之说做调和有关系，陈郁夫先生敏锐觉察到这一点：“甘泉论学宗旨为‘随处体认天理’，而‘随处体认天理’又会同‘主敬’论之，知者能了解‘主敬’在甘泉手中有新义，不同于宋儒；不知者以为甘泉又回到程朱路上，而为当时反程朱学风所不喜。然在当时程朱学者如罗整庵之辈，也不引为同调。所以甘泉两面不讨好。”[①] 陈先生此语颇能见得甘泉在思想史中的尴尬位置。在这一章中，我们将主要梳理湛若水随处体认天理工夫，以及其与白沙的关系，也会涉及甘泉后学对甘泉学问宗旨的持守与发展，以期让读者有较全面的了解。

---

① 陈郁夫：《江门学记——陈白沙及湛甘泉研究》，学生书局1984年版，第65页。

第一节　随处体认天理宗旨的提出

随处体认天理是湛若水最重要的学问工夫，也最为人熟知。门人闻人诠就说过："甘泉先生之学，随处体认天理，片言单词，罔非斯道之发，固无俟于博求尽取。"[①]而甘泉自己也说："随处体认天理，是圣学大头脑，千圣千贤同此一个头脑，尧、舜、禹、汤、文、武、孔子、周、程，千言万语，无非这个物，岂有别物？同是这个中路，岂有别路？《论语》终食之间，造次颠沛必于是而不违；《中庸》富贵贫贱、夷狄患难，无乎不行。动静内外、隐显常变，无不是随处体认之功，尽之矣。"[②]以随处体认天理作为圣学工夫之大头脑，由此可见体认天理工夫是甘泉最为重视之工夫并无可疑。

① 湛若水：《泉翁大全文集序》，《泉翁大全集》卷首。

② 湛若水撰，黄明同主编，郭海鹰整理：《新泉问辨录》，《湛若水全集》第十三册，上海古籍出版社2020年版，第42页。

黄宗羲对湛若水与王阳明分主教事曾有这样的说法："先生与阳明分主教事，阳明宗旨致良知，先生宗旨随处体认天理。学者遂以良知之学，各立门户……"[①]将随处体认天理视为湛甘泉思想之宗旨并非黄宗羲本人的发明，此事当是甘泉自己所确认，他曾将其称为自己学问的"六字心诀"[②]"六字符诀"[③]"中和汤"[④]。"心诀""符诀""中和汤"所表达的意思当与宗旨无异。对随处体认天理这一思想宗旨提出之来龙去脉进行疏解，可以更好地帮助我们去准确把握甘泉这一工夫主张的内在意涵。

一、提出的时间

一般认为，湛若水随处体认天理宗旨提出的时间是丁巳年他三十二岁的时候，但这种观点最主要的问题是忽略了"宗旨"一词在理学家那里具体的内涵。"宗旨"一词用来指称某一种思想的核心部分，黄宗羲曾对"宗旨"一词下过定义："大凡学有宗旨，是其人之得力处，亦是学

① 湛若水：《甘泉学案一》，《明儒学案》卷三十七，第876页。

② 湛若水：《杂著》，《甘泉先生续编大全》卷二十三，嘉靖三十四年刻，万历二十三年修补本。

③ 洪垣：《湛甘泉先生墓志铭》，《增城沙堤湛氏族谱》卷二十八。

④ 湛若水撰，黄明同主编，郭海鹰整理：《新泉问辨录》，《湛若水全集》第十三册，上海古籍出版社2020年版，第46页。

者之入门处。天下之义理无穷，苟非定以一二字，如何约之，使其在我。故讲学而无宗旨，即有嘉言，是无头绪之乱丝也。”[①]

黄宗羲这里对“宗旨”一词的使用非常明确，他认为一个词组或者一个短句要成为一种思想学问的宗旨必须符合一定的形式和功能要求。首先，这一词组或短句在形式上应该足够简短并且固定而非随意更改（定以一二字）；其次，它们在功能上又必须体现、概括繁复的义理系统，使学者能够通过其迅速了解和掌握这些繁复的义理，进入学问的门户，或者为学者提供一种做学问（修身工夫）的力量。当然，这些词句要想成为思想宗旨还必须是当事人在文字作品中所使用过的。这或者是当事人自觉的使用和确认，或者当事人没有明确的提揭，但是它们大量出现，而且通过它们确实可以理解其思想的义理系统或理论特色。

认为甘泉随处体认天理宗旨在丁巳之悟后便提出的论者，其判断最直接的证据大概来自陈白沙在接到甘泉汇报自己丁巳所悟内容后的回信，该信说道：“日用间随处体认天理，着此一鞭，何患不到古人佳处。”[②]这是“随处体认天理”这六字词组最早出现的文本。其实，甘泉自己在去信中并未将此六字连用，这是白沙的总结概括。后来甘

① 黄宗羲：《明儒学案发凡》，《明儒学案》，中华书局2008年版，第14页。

② 陈献章：《与湛民泽 十一》，《陈献章集》上册，第193页。

泉也屡次追忆此信内容，不过他追忆的主要目的在于借此为陈白沙非禅的辩护提供有力的证据[①]。不可否认，甘泉

---

① 我们阅读陈白沙的作品，得到的印象之一便是其极少谈论到“天理”二字。甘泉通过白沙此信对其体认天理思想的赞赏而认为陈白沙思想的头脑依旧在于“天理”二字，只是未曾道破而已。陈白沙重视天理，而禅学则以理为障，白沙学非禅学自然不言自明。这样使用的例子很多，这里检举一二例予以说明。别纸又云：“水顿首言：人多言整庵翁指白沙先生师为禅，水谓白沙先生非禅也。第一指教之初，便以孟子‘必有事焉而勿正心，勿忘勿助长’为标的；又以明道‘学者须先识仁’一段，末亦孟子此段为存之之法。水自思得，以书禀问：‘天理二字，最为切要，明道云：吾学虽有所受，然天理二字，却是自家体贴出来。李延平教人默坐澄心，体认天理。水以为天理切须体认，日用间随处体认天理，便合有得。’先师喜而以书答水曰：‘得某月日书来，甚好！读之遂忘其病也。日用间随处体认天理，着此一鞭，何患不到圣贤之佳处。’夫禅者以理为障，先师以天理之学为是，其不为禅也明矣。”（湛若水：《归去纪行录》，《泉翁大全集》卷八十五。）又，门人问：“有贤者曰：‘白沙先生禅学也。’何如？”“知儒则知禅矣，知禅则知儒矣。由此言之，彼未知儒，又安能知禅？孔子事君尽礼，人以为谄。尽者，中正之极，无过不及，自不及者视之为谄。白沙先生之学乃得圣贤中正之矩，自世学者视之为禅耳，安知自达摩释迦视之，不以为卑乎？曰：‘何以见白沙中正之矩？’曰：‘夫子决我曰：日用间随处体认天理，何患不到圣贤佳处？天理者，中正之矩也，又语我曰：此子为参前倚衡之学也。’以此观之。□□胡敬斋以白沙先生藏而后发之说为禅，何如？《中庸》‘溥博渊泉而时出之者’何如？亦禅乎？”（湛若水撰，黄明同主编，黄明同整理：《新泉问辨续录》，《湛若水全集》第十三册，上海古籍出版社2020年版，第137页。）

后来选取“随处体认天理”六字作为自己思想宗旨的表述形式时，与白沙此信的肯认有莫大关系。当然，这一宗旨所体现出的思想的来源是甘泉初从白沙问学自己所体悟而得，这对甘泉来讲是极具原创性的，标举此为自己的思想宗旨显得自然而然。

不过，我们必须注意，一种思想的萌发与其成为一种学术宗旨，其在时间和过程上有时并不一致。湛若水便属这种情形。丁巳之悟对于甘泉学术生命之重要性自不待言，不过这并不表示甘泉自己对其所悟已经有确切的把握，这体现在其入西樵山讲学前的作品，其讲体认天理（更遑论随处体认天理一语）的地方不超过五次。然而，他的作品中多可得见“天机”“气机”这些表达自然、天然力量的词汇，而其时工夫的话头也多以勿忘勿助教法为主。我们如果认可黄宗羲关于“宗旨”一词的界定，那么以“随处体认天理”一词作为甘泉此时的学问宗旨便不十分合适，因为彼时其学问工夫最为得力的地方依旧是陈白沙“以自然为宗旨”的教法。当然，这并不意味着陈白沙“以自然为宗旨”的教法与甘泉随处体认天理的思想没有其内在的一致性。恰恰相反，“自然”这一角度正是理解其随处体认天理意涵的重要视角，我们在下文的分析中会充分论述这一点。甘泉还没有时间对自己所体悟到的内容进行总结提炼，对其进行总结提炼是在西樵山讲学时与阳明往来论学的过程中逐渐展开的。

二、表述形式的确定

思想总是需要表述形式（如语言、文字、图像等）来呈现，而有时候不同的表述形式又共同指称着一种思想。我们知道，宗旨必须“定以一二字”，这个“定”往往是一个过程，是一个选取、增减、修改的过程。这个过程往往也是思者由不自觉到自觉使用的过程。甘泉门人洪垣有一个说法，值得我们关注，他说：“‘甘泉先生’初为‘体认天理’，后觉有未尽，复加‘随处’二字；动静物我内外始终，无起处亦无止时，与阳明先生致良知之说交证于天下。”①

这条材料在以往研究中基本未被提及。从这条材料我们大概可以得出两点：第一，湛若水随处体认天理宗旨的提出是一个过程，从“体认天理”到“随处体认天理”，所添“随处”二字目的在于使体认天理工夫能贯穿于动静物我内外始终之间；第二，湛若水提出随处体认天理宗旨与阳明致良知宗旨之提揭有着密切关系，或者说随处体认天理宗旨正是因应阳明致良知教而出现。洪觉山这个讲法目前没有其他佐证予以支持，不过他提示我们甘泉随处体认天理宗旨的提出很可能是经过一个不断修正的过程，并不是一锤定音的；并且，他也提示我们甘泉提揭此宗旨的

① 洪垣：《湛甘泉先生墓志铭》，《增城沙堤湛氏族谱》卷二十八。

外缘条件。当我们留心甘泉的表述时，就会发现他除了使用随处体认天理这六字表述外，其从西樵山讲学始而至南京新泉精舍讲学之前，关于这一思想，甘泉还另有其他的表述形式：

（1）闻吾景辰为外家举九年不举之丧，克己为义，即此是学。由是心扩而充之，何患古人不能到也！学贵随时随处体认操存，允卿简中已备言之。[①]

（2）读书亲师友酬应，随时随处皆求体认天理而涵养之，无非造道之功。[②]

（3）阳明乃见谓造诣益精，非所敢当也。吾兄质赋浑厚，当能不为案牍所夺，随时随处察识天理而存养之，已不可量矣。[③]

（4）以深居静思为本，以温习寻求为业，以敬亲事天为职分，以勤政亲贤为急务，随处操存体认天理。[④]

---

① 湛若水撰，黄明同主编，刘兴邦整理：《复李景辰》，《湛若水全集》第二十一册，上海古籍出版社2020年版，第239页。

② 湛若水撰，黄明同主编，刘兴邦整理：《答阳明》，《湛若水全集》第二十一册，上海古籍出版社2020年版，第240页。

③ 湛若水撰，黄明同主编，刘兴邦整理：《答顾惟贤佥宪》，《湛若水全集》第二十一册，上海古籍出版社2020年版，第278页。

④ 湛若水：《初入朝豫戒游逸疏》，《泉翁大全集》，卷三十六，嘉靖十九年刻，万历二十一年修补本。

（5）静居动应，随处存心体认天理，常若有见，私欲不萌，此即兼格致诚正之功[①]。

（6）举业与德业合一，此区区不易之说也。若遇有事，随分应之，不可有外事之心。学贵随事随时体认操存，得此心此理在，举业百凡亦自精明透彻也。[②]

（7）管登问："存心则万物咸备，可以应之矣。奚必于物物格之？"甘泉子曰："圣不云乎：'居处恭，执事敬，与人忠。'若尔之言也，其又一于内而忘随事体认之功矣。"[③]

这几条材料皆是甘泉在西樵山讲学时期，或者刚离开西樵山而任职南京不久时所讲。这么多的表述均指向同一种思想，这就表明甘泉当时还未对表述自己思想宗旨的词句有严格而自觉地使用。但是，当我们翻阅甘泉在南京新泉精舍讲学时的作品，就会发现他那时已经开始大量使用随处体认天理作为阐述自己学问工夫最为主要的话头，并用其统摄和阐发执事敬、勿忘勿助、格物致知等其他工

① 湛若水：《元年八月初二日进讲后疏》，《泉翁大全集》卷三十六，嘉靖十九年刻，万历二十一年修补本。

② 湛若水撰，黄明同主编，刘兴邦整理：《答蔡允卿》，《湛若水全集》第二十一册，上海古籍出版社2020年版，第239页。

③ 湛若水撰，黄明同主编，郭海鹰整理：《雍语》，《湛若水全集》第十二册，上海古籍出版社2020年版，第84页。

夫。湛若水的这种自觉也体现为对原先那些容易引起误解的表述形式做出更正，这种更正实际上与外界对其思想的批评以及他的自我辩解相关，这促使他更为严格而准确地使用那些表述。

从上文这些不同的表述形式来看，随处体认天理与它们不同之处大约有二：一是在于“随处”二字，二是在于“体认”二字。先来看“随处”二字，它的自觉使用实际上是针对“随事”二字所可能造成的误解而来。“随事”二字非常容易使人误解其体认天理的工夫是从外面的每一件事物上去做体认，给人一种“主于事”的印象。王阳明就曾明确将湛若水的工夫概括为“随事体认天理”，并予以批评：“随事体认天理，即戒慎恐惧功夫，以为尚隔一尘，为世之所谓事事物物皆有定理而求之于外者言之耳。若致良知之功明，则此语亦自无害，不然即犹未免于毫厘千里也。来喻以为恐主于事者，盖已深烛其弊矣。”[①]而随处则是表示工夫在时间上的不间断性以及任何场域皆是做工夫之地，但这种随处体认工夫则始终收紧在本心上。甘泉非常赞赏门人王元德关于“随处”二字的理解：

> 元德窃思体认天理，不曰某处，而曰随处，最好。随意、随心、随身、随家、随国、随天下，只是

① 王守仁：《寄邹谦之五》，《王阳明全集》卷六，第206页。

一个格物。随性、随情、随形、随体、随礼、随乐、随政、随教，只是一个慎独。随视、随听、随言、随动，只是一个勿。随色、随貌、随言、随事、随疑、随忿、随得，只是一个思。何等容易！何等快活！[①]

这条材料在以往研究中，其关注点在于每一句的前半截，认为“随处”揭示了湛若水随处体认天理之境遇性[②]。在甘泉思想中，工夫的境遇性这一面向确实存在。但这段话所传递的信息，其重点应在后半截，也就是说随处体认天理工夫之“容易”与“快活”在于“只是一个格物”“只是一个慎独”“只是一个勿”“只是一个思”上面。所以，当甘泉讲“随处”二字时，他所要指称的重点并非在外界事事物物之上，不在于意、心、身、家、国、天下上（其他可类推），他讲“随处”终归是有所着落的，这个着落处便是本心。格物、慎独、勿、思，在甘泉那里，完全是从心上去立言。以“随处”取代“随事”，是湛若水的自觉：

子嘉问：“隐显无间、动静一功，子所雅言也。……况所谓随处体认天理，非专于事也，体认也

① 湛若水撰，黄明同主编，黄明同整理：《新泉问辨续录》，《湛若水全集》第十三册，上海古籍出版社2020年版，第128页。

② 王文娟：《湛甘泉哲学思想研究》，第226—229页。

者，知行并进之谓也，识得此天理，随时随处皆知行并进乎此天理也，若曰随事，则偏于事而非中正矣。毫厘千里之差，所系不细，伏惟垂教。”

（甘泉子曰：）体认天理而云随处，则动静心事皆尽之矣；若云随事，恐有逐外之病也。孔子所谓“居处恭”，乃无事静坐时体认也；所谓“执事敬，与人忠”，乃有事动静一致时体认也。体认之功，贯通动静隐显，只是一段工夫。[①]

但是，这绝不意味着湛若水体认天理的工夫不需要到事上去磨炼。恰恰相反，在人情事变上磨炼正是其随处体认天理工夫一重要的部分。湛若水明确说：“明道看喜怒哀乐未发前作何气象，延平默坐澄心体认天理，象山在人情事变上用工夫，三先生之言，各有所为而发，合而观之，合一用功乃尽也。吾所谓体认者，非分未发已发，非分动静。所谓随处体认天理者，随未发已发，随动随静。”[②]从这里可以看出，湛若水认为他所讲的随处体认天理工夫是贯穿动静之间，所以象山所讲在人情事变上用工夫已然被涵括在体认天理工夫之中。

---

① 湛若水撰，黄明同主编，郭海鹰整理：《新泉问辨录》，《湛若水全集》第十三册，上海古籍出版社2020年版，第63页。

② 湛若水撰，黄明同主编，刘兴邦整理：《答孟生津》，《湛若水全集》第二十一册，上海古籍出版社2020年版，第259页。

而关于“体认”二字，上文所引材料有“体认操存”“体认天理而涵养之”“察识天理而存养之”“存心体认”等几种表述。可见在湛若水看来这一工夫包含致知与存养这两个环节，而“体认”一词基本上是指向致知这一环节。这些表述实际上会让学者产生一种感觉，湛若水体认天理的工夫乃是一种致知与涵养、道问学与尊德性之二轮并进的工夫。如若这样，致知与涵养工夫便是一种平行对等的关系，那么，甘泉学问与朱子的学问何其相似。然而，两轮并进的工夫并非湛若水本人所愿想，他强调工夫只是一段工夫，非有二段、三段，前者只是一种穷索工夫而已，并非根本法门。因此，以“体认”二字取代以上各种不同表述，便使得“体认”不只是致知一面的“察识天理”之义，而是兼取致知与涵养之义，它所表达的是一种即致知即涵养之义。它不是两轮工夫，而是一段工夫。

以上我们从思想宗旨表述形式的自觉使用上展开论说，大致确定湛若水在离开西樵山后而任南京吏部右侍郎时的讲学活动中才大量使用随处体认天理这一教法，而这与阳明致良知教风靡于时有莫大关联。我们知道，湛若水在西樵山讲学时开始整理总结自己的思想，在他作品中也会出现随处体认天理这一思想。为什么我们不能据此而认为在此时期，这一宗旨已经提揭出来了？

原因在于，如果我们去检视反映甘泉在西樵山讲学情形的语录《樵语》《新论》《知新后语》等作品时，就会发现体认天理（甚至未出现随处体认天理）这一工夫话头出现的次数依然甚少。事实上，“执事敬”一语是这一阶段甘泉教授弟子的主要法门。这种现象至少反映出甘泉当时还尚未对随处体认天理思想有通透的理解，这一工夫的某些关节点还没得到突破，还不足以为教法传授弟子。另外，阳明当时致良知教尚未正式提揭，其教法中所可能出现的弊端也未呈露，尚未有激发甘泉提揭此宗旨外部条件。我们注意到，甘泉此时对随处体认天理的使用主要集中在师友的往来书信中，特别是集中在其与阳明往来书信中关于《大学》“格物”的论辩上，用其来阐发自己关于格物的理解。也就是说，当时甘泉的问题意识集中在格物的理解上，而正是在对格物的理解和阐发中，青年时期灵光一悟的随处体认天理思想才逐渐成型，其内涵也才逐渐清晰。虽然，西樵山讲学时期并非其宗旨提揭之时，但是其间的一次悟道经历却奠定了随处体认天理宗旨的基本内涵，解决了其如何贯通内外动静的关键，是一随感随寂、随动随静、知行并进的中正工夫。

第二节　夜悟格物之指与随处体认天理

明正德十年（1515年），湛若水与王阳明二人在南京龙江关首次对《大学》格物说展开论辩。从那个时候开始，对“格物”的思考和阐发遂成为湛若水这一时期最主要的问题意识。根据陈九川所记载这一场辩论的情形，论辩时王阳明先生持新说，而湛若水先生持旧说：“正德乙亥，九川初见先生（指阳明先生）于龙江，先生与甘泉先生论格物之说。甘泉持旧说，先生曰：‘是求之于外了。’甘泉曰：‘若以格物理为外，是自小其心也。’”[①]

所谓旧说，当然是指程颐与朱熹关于格物的解释。从陈九川的转述中，我们看到湛若水当时将格物理解为格（至）物理，其所持格物之解确实与程朱十分相近。在龙江关一别后不久，湛若水寄信阳明，再一次阐明自己对格物的理解：“昨承面谕《大学》‘格物’之义，以物为心

① 王守仁：《传习录下》，《王阳明全集》第一册，第99页。

意之所著，荷教多矣。……兄意只恐人舍心求之于外，故有是说。不肖则以为，人心与天地万物为体，心体物而不遗，认得心体广大，则物不能外矣。故格物非在外也，格之致之之心又非在外也。于物若以为心意之着见，恐不免有外物之病，幸更思之。……”[①]湛若水这时候的理解基本没有变化，不过这次他的重点在于对“内与外”的辩护上，认为格物理非为外，理由有两个：一个是人心与天地万物同体，是不可分割的整体；二是格之致之之心并非在外，格物理者还是本心。

但在这封书信以后，随着西樵山讲学的深入，湛若水开始转换格物的涵义，便将它与随处体认天理发生关联。大致来讲，这种变化是湛若水将“格物”理解为“至其理”，并借助随处体认天理工夫来解释《大学》中的格物工夫。不过，这种转变并不是一步到位的，中间经历了将“格物”训解为“造道”的过渡阶段。我们先来看甘泉的“造道”说：

> 格物之说甚超脱，非兄高明，何以及此！仆之鄙见大段不相远，大同小异耳。鄙见以为格者至也，“格于文祖”“有苗格”之“格”。物者，天理也，

① 湛若水撰，黄明同主编，刘兴邦整理：《与阳明鸿胪》，《湛若水全集》第二十一册，上海古籍出版社2020年版，第213—214页。

> 即“言有物”“舜明于庶物”之“物”，即道也。格即造诣之义，格物者即造道也。知行并造，博学、审问、慎思、明辨、笃行皆所以造道也。读书亲师友酬应，随时随处皆求体认天理而涵养之，无非造道之功。意、身、心一齐俱造，皆一段工夫，更无二事。下文诚正修功夫皆于格物上用了，其家国天下皆即此扩充，不是二段，此即所谓止至善。故愚尝谓止至善则明德亲民皆了者，此也。①

从这里我们看到湛若水对《大学》古本的接受其实就是对于“亲民”一词的采用，这一点当受阳明影响无疑。另外，甘泉这里将“格物”训为“造道”，格即造诣之义（造诣其实也就是至之义），而物则是道之义。甘泉造道说的灵感来源与文本支撑是《尚书》《孟子》这些先秦的儒家典籍，他通过这些典籍来寻找理解《大学》古本的意涵。这与后面的“至其理”说不同，彼处的理解是从程子那里获得理论的支持。

湛若水在“造道说”中已经开始将体认天理的思想与对格物的解释结合起来。不过，他的重点在于说明造道（体认天理）的具体方法，如博学、审问、慎思、明辨、

---

① 湛若水撰，黄明同主编，刘兴邦整理：《答阳明》，《湛若水全集》第二十一册，上海古籍出版社2020年版，第240页。

笃行皆是造道之工夫。但是，他没有真正解决龙江关阳明对其“格物理”说的批评，实际上是一个物之理与心之理之间的张力，格物（随处体认天理）如何不会是一种逐外穷索的工夫。一方面原因可能是受限于他所利用的文本，所以后来他转而向二程子寻求思想资源，而造道说也很快被他弃用。不过，这也最终促成他在西樵山烟霞洞对格物之指的体悟，我们来看甘泉给陈九川与王宜学的两封书信，信中提揭了解决此问题的钥匙：

> （1）格物之说，后有顿别，元来明德、新民全在止至善上用功。知止能得，即是知行合一，乃止至善之功。其古之欲明明德二节，反复推到格物上，意心身都来在格物上用功，上文知止定安即其功也。家国天下皆在内，元是一段工夫，合内外之道，更无七段八段，格物者，即至其理也。意、心、身于家国天下，随处体认天理也。与《中庸》之意同。烟霞中夜悟此一段甚适，复检程子书云：“至其理乃格物也。致知在所养，养知莫过于寡欲。”乃先得我心之同然者，所谓至者，意、心、身至之也。如古人所谓“穷理犹穷其巢穴之穷”，必身至之也。世以想象记诵为穷理者远矣，山居曾整理古本《大学》，及《中庸》二《测》，因令人录奉一阅，乃区区近年用心要

处也。[①]

（2）古本《大学》，仆亦数年理会，乃叹大学之道不明久矣。所谓八条目，正窃疑之。此两条反复推本，皆原格物，即实一事耳，非有所谓八也。如明德、亲民，其下手只在止至善耳，非有三也。每令学者多岐亡羊，其疚在此。格物即止至善也，圣贤非有二事，自意心身至家国天下，无非随体认天理，体认天理即格物也。来谕体认之说正与此合，但专谓审几，恐未尽。盖自一念之微，以至事为之着，无非用力也。程子曰："格者，至也。物者，理也。至其理乃格物也。致知在所养，养知莫过寡欲。"仆向在山中，忽悟此一段，后检程书见此，深得我心之同然，遂沛然自信，持之久而未敢以语人，因窃为之说，近为门下刻之。兹因高明及此，奉上一览。阳明所见固非俗学所能及，但格物之说，以为正念头，既于后面正心之说为赘，又况如佛、老之学皆自以为正念头矣，因无学、问、思、辨、笃行之功，随处体认之实，遂并与其所谓正者一齐错了。如孟子所辨三子不及孔子，亦正在此。若区区所谓格物之说则兼知行，如上文知止至能得，即知行合一，乃其功夫也。《中庸》学、问、思、辨、笃行皆是也。阳明先生亦尝有

① 湛若水撰，黄明同主编，刘兴邦整理：《寄陈惟浚》，《湛若水全集》第二十一册，上海古籍出版社2020年版，第248页。

> 辨论，多未同，但未可以强聒。吾惟信其同者，以俟他日之小异者自同耳。[①]

湛若水在烟霞洞夜悟格物之指，内容主要有两个：一个是悟到格物即是至其理，另一个悟到工夫上要落实到“致知在所养，养知莫过寡欲”。甘泉所整理的《古大学测》今未得见，仅存一序。序中虽未提及随处体认天理一语，不过我们看阳明阅读甘泉这部书后的回信：“世杰来，承示《学》《庸》测，喜幸喜幸！中间极有发明处，但于鄙见尚大同小异耳。‘随处体认天理’是真实不诳语，鄙说初亦如是……”[②]可以推测，湛若水的《古大学测》中主要是以“随处体认天理”作为基础进行解释。

在这两封信中，湛若水明确将“格物”训解为“至其理”。这种训解乍看之下，似乎与程颐和朱熹的理解相近，何以甘泉自认为已有“顿别”？我们先来看程朱二人的解释。伊川对格物的解释是，“格，至也，言穷至物理也”[③]，而朱子继承程子的解释，释其为：“格，至也。

---

① 湛若水撰，黄明同主编，刘兴邦整理：《答王宜学》，《湛若水全集》第二十一册，上海古籍出版社2020年版，第250页。

② 王守仁：《答甘泉》，《王阳明全集》卷五，第181页。

③ 程颐：《伊川先生语八上》，《河南程氏遗书》卷二十二上，《二程集》，第277页。

物，犹事也。穷至事物之理，欲其极处无不到也。”[1]从这里看来，湛若水与他们的理解区别有二：第一，对“格”字的解释，只取其“至”意而舍弃其“穷”意，这样一来，在工夫上就避免要穷尽天下事物之理；第二，对“物”的解释，程朱将其解释为事物之理，而甘泉则解释为天理。不过，在程朱那里，事物之理也是天理（一体）在事事物物（分殊）上的具体落实。那么，甘泉与之分别究竟是字面上的，还是有实质的内容？

伊川曾有“在物为理，处物为义”[2]的说法，朱子后对此有解释：“伊川言，‘在物为理。’凡物皆有理，盖理不外乎事物之间。‘处物为义。’义，宜也，是非可否，处之得宜，所谓义也。”[3]又：“‘在物为理，处物为义。’理是在此物上，便有此理；义是于此物上，自家处置合如此，便是义。义便有个区处。”[4]理是事物之理，而义只是处物时得宜、恰如其分而已，理义并非一体。所以，在甘泉看来，在程朱的系统中，始终存在如何将物之理转化为心之理的困难。甘泉不满伊川的说法，将

① 朱熹：《四书章句集注》，《朱子全书》第六册，第16页。

② 程颐：《二程粹言·论道篇》，《二程集》，第1175页。

③ 《程子之书一》，《朱子语类》卷九十五，《朱子全书》，第3184页。

④ 《程子之书一》，《朱子语类》卷九十五，《朱子全书》，第3184页。

其转换为“在心为理，处物为义”：“在心为理，处物为义，体用之谓也。……理乃是浑然一点至公的心，义便是粲然一点制宜的心，只是一心，但有体用耳。非谓看到无我处才见得天地万物一体之义，及见得天地万物一体才能无我也。人所以有我者，只在一己躯壳上起念，若见一体之义，又何有我乎？如此体认，便是至其理。至者，造诣之谓也，若常常如此存存不息，便是恒之之功，更有何道？”[①]

经过甘泉这样转换，理与义便不再是两物，而是将其统于本心之上，本心成为应事处物之枢纽。故此，理只是心之理，义只是心之义，二者只是一心感应之一体之不同面向而已。《古大学测》序更是直接将天理解释为吾心中正之本体，不过这心之天理直接是天地万物一体之理。天地万物在这一体存在之中各有其位置，吾心之理即是天地万物一体之理。在应事处物之时，由事物之来感自会恰当得宜地对待它们，使其处于该在的位置上。与程朱最大的不同在于，甘泉直接将理确认为天地万物一体之天理，并且在感应枢机之本心中呈露出来。在这两封书信中，甘泉并没有指出这一点，这要在其《心性图说》完成后才明确这一点，不过将天理视为吾心中正本体却是明确的。

① 湛若水：《湛子约言》卷五，《甘泉先生续编大全》卷二十九，嘉靖三十四年刻，万历二十三年修补本。

“致知在所养，养知莫过寡欲”，这一体悟在工夫上对湛若水非常要紧，它明确了工夫的节次和核心。通过这一悟，致知与涵养的关系得以确立，致知与涵养这两轮并进工夫演变成为一段工夫，而且涵养所致之知才是核心。或者可以讲，即知即养，没有所有的内外动静之分别。养知工夫通过寡欲而实现。寡欲工夫在以往的研究中没有得到足够的重视。湛若水将天理释为吾心中正之本体，故随处体认天理工夫也便是在心上做，而寡欲正是其方法。洪垣在湛若水的墓铭中写道：“……宇宙之内，先生之心。自心自得，体认金针。理岂在克？其克者人。先生有言，磨镜磨尘，是谓物格，天德曰崇，天下国家，都在此中。上以告君，下以成身。我非尧舜，不敢前陈。除此四字，更无妙诀。止此四字，广大难说……”①“磨镜磨尘”就是指寡欲工夫，它甚至被洪氏认为是其师授人的骨髓血脉，所谓“除此四字，更无妙诀”是也。如果我们认同洪垣“磨镜磨尘，是谓物格”的讲法，那么甘泉体认天理（格物）的工夫是从念头发出一开始便做，从事来物至、感应之初的一念善恶开始入手，“有一念之善则从而好之，有一念之不善则从而恶之”②。不过，从一念善恶入

① 洪垣：《湛甘泉先生墓志铭》，《增城沙堤湛氏族谱》卷二十八。

② 湛若水撰，黄明同主编，宁新昌整理：《莲洞书馆讲章》，《湛若水全集》第十二册，上海古籍出版社2020年版，第300页。

手并不意味着工夫在这一念好恶生发后才做，而是要从本心上去做，甘泉常常讲要先立乎其大便是此意。只有先立其大，才能在善恶萌发之际便去好之、恶之。只不过在甘泉这里，这个大者是天理，而不是良知。陈九川在收到湛若水的信后曾向王阳明请教，陈明水又问："甘泉近亦信用《大学》古本，谓格物犹言造道。又谓穷理如穷其巢穴之穷，以身至之也。故格物亦只是随处体认天理，似与先生之说渐同。"先生曰："甘泉用功，所以转得来。当时与说亲民字不须改，他亦不信，今论格物亦近，但不须换物字作理字，只还他一物字便是。"[①]在阳明看来，甘泉的理解与他渐同的地方在于工夫从心上去做，不过因为甘泉以理置物，所以他的理解虽然渐同，但是太过于曲折。阳明的评点正中要害。不过甘泉亦自有其苦心，他对天理的强调，是担忧依阳明所言，为学者恐忽视客观的理则、秩序，从而师心自用。后来王学的发展也印证了甘泉的担忧。

物欲与天理对讲，这样从寡欲角度解格物，便很自然地将体认天理工夫与格物发生联系。依甘泉所言，紧扣《大学》文本，则随处体认天理无非是随意、随心、随身、随家、随国、随天下，但是这一体认最终是收紧在格物上。另外，当湛若水采取程子"致知在所养，养知莫过

① 王守仁：《传习录下》，《王阳明全集》第一册，第91页。

寡欲”这一讲法的时候，实际上就解决了随处体认天理工夫中两个重要环节：察识天理与涵养天理（前者是致知，后者是养知），如何统摄到本心之上来。这就在工夫上解决了甘泉的随处体认天理工夫何以不是一种向外求索的工夫，而是一种扣紧本心的即致知即涵养的工夫。在甘泉看来，物欲自是吾心生意之戕害者，因此寡欲工夫也相应的是保全吾心之生意。

第三节 随处体认天理是体仁工夫

江门学派以天地一元生气作为宇宙论框架支撑，以天地万物一体为性体，其所见世界皆是盎然生意雀跃，在这种意义上，随处体认天理便是要去体认生生之理，“学求心之生理而已矣。是故体认也者，恒觉乎此而已矣，惟勿忘勿助之间见之”[①]。所以，“一体生意”之仁是理解湛若水随处体认天理工夫的重要角度，湛若水自己也说：“随处体认天理，即孔子求仁，造次颠沛必于是；曾子所谓仁以为己任，死而后已者也。”[②]门人吕景蒙谈到随处体认天理工夫时更明确指出：“学者欲窥先生之蕴，若《格

① 湛若水撰，黄明同主编，郭海鹰整理：《雍语》，《湛若水全集》第十二册，上海古籍出版社2020年版，第67页。

② 湛若水撰，黄明同主编，刘兴邦整理：《答邵武教授周道通四条》，《湛若水全集》第二十一册，上海古籍出版社2020年版，第284页。

物通》若《〈学〉〈庸〉难语》、若《古文小学》及此书之类观之，亦可以得其概矣。然此无非教也，若其宏纲大法，则惟在于‘随处体认天理’一言而已。斯言也，即孔门求仁之谓。孔门弟子问仁多矣，圣人皆告以求仁之方，初未尝言仁之体，若语曾子‘一以贯之’之理，是乃以己及物之仁体也。而语诸弟子以求仁之方者固多，惟克复之功为最大，‘随处体认’云者，即四勿之意，乃指示学者以随事用力于仁之功夫也。仁者，至诚也，天之道也；体认天理者，诚之也，人之道也，下学而上达也。先生斯言，其有功于圣门、有补于世道也大矣。”①

一、立志

湛若水随处体认天理工夫要学者随处体认，刮磨戕害本心天理之私欲，也就是去意必固我之私，而还吾正大光明之本体而已，如镜之脱垢、衣之濯澣。门人周道通将湛若水随处体认天理工夫疏解为三个环节，分别是立志、煎销习心、体认天理。它们并不是三种不同的工夫，而毋宁是一段工夫，三者有其头脑，这个头脑即是天理。周道通这一疏解在当时门下弟子的修习中引起强烈反响与讨论。后王盘循周道通所讲之路进行修习，尝试将立志与煎销习心、体认天理贯通起来，总是觉得三者有隔，“久而未得

① 湛若水撰，黄明同主编，郭海鹰整理：《新泉问辨录》，《湛若水全集》第十三册，上海古籍出版社2020年版，第99页。

合一之义”，于是产生了支离之感，遂向湛若水请教，甘泉于三者中指认头脑予以指点：

> 此只是一事。天理是一大头脑，千圣千贤共此头脑，终日终身只是此一大事，更无别事。立志者，志乎此而已，体认是功夫以求得乎此者，煎销习心以去其害此者。心只是一个好心，本来天理完完全全，不待外求，顾人立志与否耳。孔子十五志于学，即志乎此也。此志一立，三十、四十、五十、六十、七十，直至不逾矩，皆是此志变化贯通，只是一志。志如草木之根，具生意也；体认天理，如培灌此根；煎销习心，如去草以护此根，贯通只是一事。[①]

将天理视为头脑是湛若水一贯的主张，而其天理即生理，故志亦如草木之根一样具生意，而体认天理与煎销习心则是培灌、守护此志所呈现出之生意。在这段话中，甘泉对立志尤为强调，他也曾在别处感叹立志之重要：“志也者，其圣学之基乎！”[②] 这个“基”是始基之义，

---

① 湛若水撰，黄明同主编，郭海鹰整理：《新泉问辨录》，《湛若水全集》第十三册，上海古籍出版社2020年版，第8页。

② 湛若水撰，黄明同主编，郭海鹰整理：《雍语》，《湛若水全集》第十二册，上海古籍出版社2020年版，第61页。

既表示开始、开端之义，又表示基础、基石之意，即如草木之根一般。草木之根既为草木生长之起点，又为其生长确立方向、输送养分和动力。志向也是如此，只不过它是为学者成圣工夫的起点，而其确立的是成圣工夫的方向和动力。所以，如果为学者工夫懈怠，甘泉便会斥其为丧志或立志不笃。但如此说“志”，其实还不十分准确，因为“志”本身仅仅表明一种方向，它只是“吾心之所之”而已，它并不能确保这一方向的正确或者错误。甘泉将这一环节划归到“知”上面，他说“必真知而后志立”[①]，学者必待真知而后志才能立得笃，才能沛然自信自养得，做工夫也才能果敢勇猛。重点在此“真”字，所谓“真”对于立志来讲其实在于入学路头的辨正上，也就是为学之起点。换句话讲，只有以“真知”作为保障的“志向”才具生意。在甘泉那里，要辨认得此路脉中正，其实就是要识认得儒家之真种子：

> 吾平素说“学先要认得真种子”，道家犹能言“鼎内若无真种子，如将水火煮空铛”。古人说学都有原委，孟子五谷种之美者，正与夫子此章之言相发明，故学者须先识仁，乃在养之。若于此错认了，

---

① 湛若水撰，黄明同主编，郭海鹰整理：《雍语》，《湛若水全集》第十二册，上海古籍出版社2020年版，第61页。

饶他有百倍千倍之功，亦终成就一错去，是谓铸错也。……吾子其以此自信自养。[1]

识认得真种、辨正路头在湛若水那里就是要识仁，具体表现就是要辨正圣学与俗学之别，也就是要做为己为人之学之辨、义利公私之判：

其初一念为学之志也。一念之初，便有为己为人之别，便有义利公私之判。何谓义？何谓公？古之学者为己是也。三代之学皆所以明人伦也，明人伦者，尽为人之道也。尽为人之道者，尽己也。心，己之心也；性，己之性也。学、问、思、辨、笃行皆以存己之心、养己之性，是无所为而为。心又不为人而存，性又不为人而养，这便是古之学者为己。何谓利？何谓私？今之学者为人是也。三代而下，经残教弛，道丧学绝，失了古人为学本意。虽亦从事于学、问、思、辨、笃行，而不知所行者何事，故或流而为词章以媒爵禄，而不知词章爵禄何与于己之心，不过要得意扬扬，欲人观美耳。或流而为功利以夸时人，而不知随世功名何益于己之性，不过沾沾自足，欲人称颂

① 湛若水撰，黄明同主编，黄明同整理：《新泉问辨续录》，《湛若水全集》第十三册，上海古籍出版社2020年版，第193页。

耳。是有所为而为，既以为人观美，又以为人称颂，这便是今之学者为人。[①]

湛若水所讲的“公”“私”，其念是在天地万物一体还是一己躯壳，“今夫人之起念于躯壳也，即无往而非私，知物我之同体，则公矣。公也者，其天理乎！”[②]而更重要的是要辨正圣学与释老之学的区别。这个真种子是天地万物一体之天理、生理，甘泉认为释老二家都不识这真种子。对道家，他同意学生的讲法：“真种子，窃看吾儒与道家不同，彼以精气神，吾儒止是良心。心之良者便是天理。”[③]也就是说，道家所讲的“鼎内真种”只是从“精气”的角度立言，而没有从一体之天理、生理角度讲。而儒家所讲的真种子则是吾之良心、良知，《心性图说》已指出，人之良心、良知只是一个生理，是天地一体生意之呈露。而至于释家，甘泉的批评思路也基本一致，斥其认理为障：“学者须识种子，乃不枉了功夫。何谓种子？即吾此心中这一点生理，便是灵骨子也。今人动不动只说

---

① 湛若水撰，黄明同主编，宁新昌整理：《九华山中华书堂讲章》，《湛若水全集》第十二册，上海古籍出版社2020年版，第252—253页。

② 湛若水撰，黄明同主编，郭海鹰整理：《雍语》，《湛若水全集》第十二册，上海古籍出版社2020年版，第89页。

③ 湛若水撰，黄明同主编，郭海鹰整理：《新泉问辨录》，《湛若水全集》第十三册，上海古籍出版社2020年版，第54页。

涵养，若不知此生理，徒涵养个甚物？释氏为不识此种子，故以理为障，要空、要灭，又焉得变化？人若不信圣可为，请看无种子鸡卵如何抱得成雏子，皮毛骨血形体全具出壳来，都是一团仁意，可以人而不如鸟乎？精神在卵内，不在抱之者，或人之言，亦不可废也。明道先生言：'学者须先识仁。'"[①]这样看来，识认路头就是要识得一体之仁意、生理，这也是识认得真种子。既识得此仁意、生理，便要以此为志，顷刻不可忘，一刻忘则此仁意、生理灭，则圣贤之学不复存在："圣贤之学始终乎志焉尔，有顷志弗存焉，则天理灭矣。故曰'志于道'，曰'志于仁'，曰'志于学'。"[②]虽然志乃不可夺者，可夺者非志也，可是对为学者（特别是初学者）来讲，在修习过程中常常会为气习所干扰，而出现反复甚至倒退的情况，故甘泉才提醒说"有顷志弗存则天理灭"。在这种意义上，立志所体认的那一点仁意、生理仅仅只是"一点"而已，它需要为学者在修习过程中保养充拓使其壮大，故立志只是工夫之起点，此志需要在工夫（煎销习心、体认天理）的不断修习中去笃实。

---

① 湛若水撰，黄明同主编，郭海鹰整理：《新泉问辨录》，《湛若水全集》第十三册，上海古籍出版社2020年版，第19页。

② 湛若水撰，黄明同主编，郭海鹰整理：《雍语》，《湛若水全集》第十二册，上海古籍出版社2020年版，第69页。

二、煎销习心与体认天理

煎销习心（也就是寡欲工夫）与体认天理其实是工夫之一体两面："认得本体，便知习心，习心去而本体完全矣。不是将本体来换了习心，本体元自在，习心蔽之，故若不见耳。……故煎销习心，便是体认天理功夫，到见得天理时，习心便退听。"①虽是一体之两面，可是这段话也提示在二者中体认天理似乎是更为根本的方法，所以天理呈现时则习心自然退听。二者的关系非常紧密，因此下文将二者放在一起讨论。

我们知道，习心私欲是吾心之贼、吾心一体生理之戕害者，做工夫便是要如农夫养苗而除去其害苗者般，刮磨掉那些习心私欲，这样心之生理自然生生不可遏。我们从寡欲的角度进入开始我们的讨论。在湛若水看来，寡欲的工夫基本可以分为三个层面的工夫。第一种是像煎销金银一样，一层一层地煎销，煎销得一层则还吾心本体一分精明。甘泉为大科书院所立的堂训，其中一条就讲："为学患心不定，只是煎销习心三层五层。如煎销金银，一番煎销，愈见一番精明，煎销尽者为大贤之心。习心即人心，心只是元一个好心，其不好者习耳。习尽则元来本体广大

① 湛若水撰，黄明同主编，郭海鹰整理：《新泉问辨录》，《湛若水全集》第十三册，上海古籍出版社2020年版，第25页。

高明，何尝有缺？何所沾惹？内外合一。”[①]这种方法是在习心私欲出现后所进行的搜寻刮磨工夫。在日常生活中，私意物欲层生不穷。按照这种工夫设想，为学者在无事时便容易沉溺于将身上好色、好货、好名等各种私欲逐一搜寻追究出来而克除之，而使自己陷入灭于东而生于西之境地，产生物欲终日终身不能克尽之感。如果依着这种方法，为学者便常常要去照管本心，以免遗漏掉任何私欲[②]。这种方法的弊端表现在“支离”二字，而表现在修身者身上的感受则是集中于一个“累”字：疲于应付，却终日憧憧难有所得，它会挫败为学者之信心。所以，这种方法只是湛若水用来针对初学者的权法，并非根本的法门，因为它没有捉住为学的头脑，而且往往需要人力强制执行，而非自然为之。

第二种方法是欲望在一念发生之际便予以克除，即在念欲上做工夫。在甘泉看来，“匪直利欲之为欲焉耳，心有所偏滞焉，亦谓之欲也”[③]。也就是说并非只有利欲（好功、好名、好财、好器之类）才是私欲，他甚至将心之所

① 湛若水撰，黄明同主编，程潮整理：《大科书堂训》，《湛若水全集》第十二册，上海古籍出版社2020年版，第171页。

② 湛若水撰，黄明同主编，黄明同整理：《新泉问辨续录》，《湛若水全集》第十三册，上海古籍出版社2020年版，第196页。

③ 湛若水撰，黄明同主编，刘兴邦整理：《二业合一训》，《湛若水全集》第十二册，第148页。

发一念有所偏滞亦称为私欲。这个念是念头、思虑之念，所以有善恶正邪之分别。甘泉认为：一念得其正时便是一个仁义之心，则其所发无不正，而一念不得其正时便是一个功利之心，则其所发不正；而得其正之念与不得其正之念，它们之间的分别就在于前者是从物我同体、痛痒相关处起念，而后者则在一己躯壳上起念[①]。所以私欲的产生乃在于天地万物一体之心倾而蒙蔽，起初萌发于一念之微。在这种意义上，在一念之微之间，则往往众欲交攻、侵蚀吾心本体，故甘泉强调从一念之微处便做工夫。

如何着手？实际上，躯壳之念之产生在于应事接物之际，在“外物触其形而动于中”之“触”字上。触动处便是感，便是一念初萌，工夫需在事物触动之际便做[②]。如果这种工夫是在起念的一刻去做，会产生一种如王仁所讲的现象：“常如猫之捕鼠，一眼看着、一耳听着，才有一念萌动，即与克去。”[③]眼睛盯着、耳朵听着，时刻保持一种警惕、惊醒的状态，这种方法和第一种的弊端类似，因为心无无念之时，念头实在太多了。按照王仁所讲的方

---

① 湛若水撰，黄明同主编，宁新昌整理：《斗山书堂讲章》，《湛若水全集》第十二册，上海古籍出版社2020年版，第282页。

② 湛若水撰，黄明同主编，郭海鹰整理：《新泉问辨录》，《湛若水全集》第十三册，上海古籍出版社2020年版，第86页。

③ 湛若水撰，黄明同主编，黄明同整理：《新泉问辨续录》，《湛若水全集》第十三册，上海古籍出版社2020年版，第172页。

法，只能是吃力不讨好，所以甘泉说这种方法“此其说似有气力，然才着气力便是病，憧憧往来，朋从尔思。宜慎之！”[①]在这个意义上，一念工夫的时机应该是在念头未形成时，在其动而未形之际（即所谓“几”处）做，不过这个“几”在甘泉看来本体之几。所以，甘泉所讲的研几工夫强调“一念觉处”，他说：“乃是觉，存习之久，便可到颜子几上功夫。”[②]甘泉此处讲的“一念”便不当是念头之念，而是吾心之“活机”（王元德语），这个活机是天地生生之仁、复见天地之心的“机窍”；而这个“觉”当然也是从本心上立言，是本体之觉，与陈白沙“人争一个觉，才觉便我大而物小，物尽而我无尽”[③]讲法一脉相承。湛若水强调：“邪念非自外而入来，但在于觉与不觉耳。此心觉时则生意蔼然，天理流行，才不觉便如梦如痴，即是邪念。如所谓道心、人心只是一心，心岂有二，才觉则天理，不觉则人欲耳。”[④]此心觉时，则满腔纯是一团生意涌动，这便是天理、生理，而心则无昏昧之时，而邪念私欲亦不能乘机而入，故甘泉强调学求心之生理，关键在于

① 湛若水撰，黄明同主编，黄明同整理：《新泉问辨续录》，《湛若水全集》第十三册，上海古籍出版社2020年版，第172页。

② 湛若水撰，黄明同主编，郭海鹰整理：《新泉问辨录》，《湛若水全集》第十三册，上海古籍出版社2020年版，第50页。

③ 陈献章：《与张廷实主事》，《陈献章集》上册，第165页。

④ 湛若水撰，黄明同主编，宁新昌整理：《金台问答》，《湛若水全集》第十二册，上海古籍出版社2020年版，第226页。

惟恒觉乎此而已[1]。“一念觉处”工夫也就是识仁工夫，是直接在本体上做工夫，体认天理、生理。

第三种方法便是先立乎其大本，直接在本心上体认天理。关于寡欲工夫，门人杨东熙与甘泉之间有过如下一段对话：“杨东熙问：‘名利、货色，私欲之大也，必先克去之，何如？’甘泉子曰：‘然。然而所谓克者，匪坚制尔也，其惟进天理乎！天理日明而人欲日隐，天理日长而人欲日消，是之谓克。’又问：‘己不克，安能见理？’曰：‘未体天理，焉知人欲？未能如好好色，焉能如恶恶臭？夫惟仁可以胜不仁，而见大可以忘小。故曰：好仁者，无以尚之。否则富贵功名之于欲大矣，孰能小之？’曰：‘体天理如之何？’曰：‘今夫人之起念于躯壳也，即无往而非私，知物我之同体，则公矣。公也者，其天理乎！’”[2]

这段对话颇为精彩。湛若水直截了当指出所谓克除私欲之“克”字并非是一种强制性（匪坚制尔）的搜刮念欲，基本上上面两种情形之寡欲工夫均属此种类型。当然，研几的工夫已直面本体，不属于这种类型。何以能做到“匪坚制尔”？甘泉强调的是直接去体认天理，“先立

① 湛若水撰，黄明同主编，郭海鹰整理：《雍语》，《湛若水全集》第十二册，上海古籍出版社2020年版，第67页。

② 湛若水撰，黄明同主编，郭海鹰整理：《雍语》，《湛若水全集》第十二册，上海古籍出版社2020年版，第89页。

乎大本则自去矣”[1]，这个大本便是天理。如何立得天理则私欲自去？天理与私欲乃相互消长者，因此养得天理长一分，私欲便消融一分，养得天理长至十分，则私欲便消融得尽了，便是一个纯是天理的心。

在这种意义上，工夫只是体认天理，非是体认天理之外别有其他寡欲工夫，湛若水说：“天理在我者也，若真切体认，几便在我；顷刻体认，则顷刻便在我；顷刻不体认，则顷刻便不在我。天理人欲，只在分数消长之间。”[2]这句话强调三点：其一，体认天理之几（枢机）在我，所以成贤成圣的力量在我，“人性本善，无不可移之理，人自不肯移耳”[3]；其二，“顷刻”表达出工夫的当下性，所以顷刻体认则天理顷刻在我，顷刻不体认则天理不在我；其三，“顷刻”还表示工夫的不间断、不停息，为学者做工夫当是终日乾乾，工夫懈怠之时自是欲胜理之机、私欲横生之际，“学者只是终日乾乾，体认自家本来天理，则人欲自消。又欲皆于心有懈怠时生，懈怠便是欲胜理之

① 湛若水撰，黄明同主编，郭海鹰整理：《樵语》，《湛若水全集》第十二册，上海古籍出版社2020年版，第22页。

② 湛若水撰，黄明同主编，郭海鹰整理：《新泉问辨录》，《湛若水全集》第十三册，上海古籍出版社2020年版，第10页。

③ 湛若水撰，黄明同主编，黄明同整理：《新泉问辨续录》，《湛若水全集》第十三册，上海古籍出版社2020年版，第178页。

机也，又何必问其所以然乎”[①]。进一步地，如何去体认天理？天理是物我同体之理，即吾心之生理，所以甘泉强调体认天理的方法必须是体认于心：“吾所谓天理者，体认于心，即心学也。有事无事，原是此心，无事时万物一体，有事时物各付物，皆是天理充塞流行，其实无一事。”[②]体认于心在甘泉便是做存心的工夫，“古之学者以存心为本，存之又存，入圣之门”[③]，不是在存心之外还有一个体认天理、寡欲的工夫。

当学生黄辅以即事察情、即情察性为体认天理之方法时，湛若水认为这并不是一种直截究竟方法，因为这种方法太过于烦琐，而直截了当的方法是去识认吾心一体的生意：“然。然而只见推究之烦耳矣，盍求心之生意乎？”[④]所以，体认天理就是要去体贴这一体生意并存养之，“仁其心之生理乎！自一念之动，以至于万事之感应，皆生理也。故孔门之求仁，必于视听言动、出门使民、居处执事与人而言之，皆即事即动以求者也。《易》曰：‘复其

① 湛若水撰，黄明同主编，黄明同整理：《新泉问辨续录》，《湛若水全集》第十三册，上海古籍出版社2020年版，第158页。

② 湛若水撰，黄明同主编，郭海鹰整理：《新泉问辨录》，《湛若水全集》第十三册，上海古籍出版社2020年版，第53页。

③ 湛若水：《新论》，《泉翁大全集》卷二，嘉靖十九年刻，万历二十一年修补本。

④ 湛若水撰，黄明同主编，郭海鹰整理：《雍语》，《湛若水全集》第十二册，上海古籍出版社2020年版，第85页。

见天地之心'"[①]。存存不息则无事时浑是一团生理，有事一念发动时又能够物各付物，皆是这一团生理之流行充塞。而对于体贴存养生意，湛若水还强调在勿忘勿助之间求之，他以母鸡抱卵为譬言体认工夫与所存生意之关系："心之本体中正为天理，随处体认，勿忘勿助乃其体认之法，默坐应酬皆然。心体无分动静，只是一心。如鸡抱卵，卵有生意，抱之不息，则虚空无鸡中，生形生骸，生骨生毛，成了小鸡，活跳跳地，此见学之可圣矣。"[②]为学者能于勿忘勿助之间做存心体认天理的工夫，则人欲自然彻去，天理自然长存，而吾心寂然感通之本体则自在。

所以，当学生吕怀感叹体认天理最难时，因为天理是从本心去讲，它既不属有无，也不落方体，无法把捉，针对弟子求道之困惑，湛若水也以"勿忘勿助"工夫指点："观此可见吾契曾实心寻求来，所以发此语。天理在心，求则得之。夫子曰：'我欲仁，斯仁至矣。'但求之自有方，勿忘勿助是也。千古惟有孟子发挥出来，须不费丝毫人力，欠一毫已便不是，才添一毫亦不是，此语最是，只不忘助时，便添减不得。天理自见，非有难易也，何用硬格尺量也？孟子曰：'物皆然，心为甚。'吾心中规，何

① 湛若水撰，黄明同主编，郭海鹰整理：《雍语》，《湛若水全集》第十二册，上海古籍出版社2020年版，第68页。

② 湛若水：《答问》，《甘泉先生续编大全》卷二十六，嘉靖三十四年刻，万历二十三年修补本。

用权度？”“明道先生与吴师礼谈介甫之学错处，谓师礼曰：‘为我尽达诸介甫，我亦未敢自以为是。如有说，愿往复，此天下公理，无彼我。果能明辨，不有益于介甫，则必有益于我。’”[①]勿忘勿助乃陈献章教人心法，甘泉将白沙勿忘勿助心法融进随处体认天理宗旨，这亦可以见到湛若水学问依然流淌着白沙学脉是毫无疑义的。

从上面的分析看来，甘泉所讲之立志、煎销习心、体认天理皆从吾心一体之生意立言，三者也皆是察识、保任、灌溉这一体生意，使这一成善之道德力量得到灌溉和成长。依着甘泉，立志是工夫之起点，而体认天理则是学者应当捉住的头脑；体认天理工夫的关键当在本心上做，这是直接的方式，也是根本的法门。为学者若能随时随处、随寂随感、随动随静，于本心上察识体贴得这天地万物一体生意，则其心身自然广大高明，而活泼泼与天地万物相流通，打成一片，则更无内外、人己、物我之分别。

三、学问思辨行以培灌、扩充吾心生意

一日之间，开眼便是应事，湛若水认为学者不历事则仁不熟，其曰：“君子之学也，犹之锻金也，不炉不锤则金不精。事也者，学之炉锤也，不历事则仁不熟，不熟，

① 湛若水撰，黄明同主编，郭海鹰整理：《新泉问辨录》，《湛若水全集》第十三册，上海古籍出版社2020年版，第95页。

仁之弃也。夫仁也者贵熟之。"[①]熟是对工夫来讲，指学者为学之用力；而至于纯熟时，则工夫无所容力。仁之生与熟实际上是讲吾心一体之生意能否能够饱满，充塞吾之心身；仁如果熟透了，便是所谓"满腔子皆是生意"的状态："天地之大德，生而已也。故其生人也，凡存乎人之身者皆生意也。何谓人之生意也？恻隐之心凡存乎人之身者，人之生意也。程子曰：'满腔子是恻隐之心。'是也。"[②]这是湛若水化用程颢所言，讲得何其好！所以，勿忘勿助工夫必须与必有事焉结合起来，而不能闭关穷索。根据湛若水回忆，他在跟随白沙求学时，曾经梦见一个老者叫他在山中枯槁静坐一百日，第二天起来将这个梦告诉白沙，而白沙则明确强调这种方法不通："世人皆说石翁（即陈白沙）禅学，不然。初年想亦从这里过来，观教人只以周子圣学章无欲为言。及某梦一老人说要山中坐一百日以告翁，翁不欲，云：'只恐生病。'又说：'东所（即张诩，陈白沙的学生）说虽在膏火煎熬之极，而常有清凉之气，此是禅学。'观此可知。"[③]所以，仁之历事锻

① 湛若水撰，黄明同主编，宁新昌整理：《新论》，《湛若水全集》第十二册，上海古籍出版社2020年版，第47页。

② 湛若水：《湛子约言下》，《甘泉先生续编大全》卷三十，嘉靖三十四年刻，万历二十三年修补本。

③ 湛若水撰，黄明同主编，刘兴邦整理：《知新后语》，《湛若水全集》第十二册，上海古籍出版社2020年版，第116页。

炼也是从白沙处承继而来，它无非是一个推扩、充实吾心生意的过程，就是从一念之仁推扩成心身全体之仁，从初心真切处的那一点生意涵养而推扩至满腔子皆是生意。这个腔子甚至还包括天地宇宙这一大腔子，“仁者不忍一物不得其所”[①]，物物得其所则天地间皆生意。湛若水常常批评阳明的良知说，他认为阳明将良知视为一现成良知，而不是作为一个初心（只是生意的萌端而已），这就完全忽略了推扩工夫对学者的重要性，甘泉这样说道：

良知事亦不可不理会。观小儿无不知爱亲敬兄，固是常理，然亦有时喜怒不得其正，恃爱打詈其父母，紾兄之臂而夺之食者，岂得为良知？不可全倚靠他见成的，亦须要教。故古人在胎中已有教，始生至孩提以往，皆有教有学以扩之。孟子为此，不过提出人初心一点真切处，欲人即此涵养扩充之耳，故下文曰“达之天下”。达者，涵养扩充之谓也。学问思辨笃行皆是涵养扩充功夫。今说“致良知”，以为是是非非，人人皆有，知其是则极力行之，知其非则极力去之，而途中童子皆能致之，不须学问思辨笃行之功，则岂不害道？子等慎之。若云致良知亦用学问思

① 湛若水撰，黄明同主编，宁新昌整理：《新论》，《湛若水全集》第十二册，上海古籍出版社2020年版，第46页。

辨笃行之功，则吾敢不服。[①]

湛若水对扩充工夫的强调并没有太大问题，但他对阳明的批评是否得宜，也曾受到弟子的质疑，王世隆曾讲："良知之说，隆闻（甘泉）师言，固洞然无疑矣。但恐阳明先生所谓致良知者，'致'之一字即孟子所谓扩充之意，而学者语之不莹，遂觉欠此意耳。"[②]而高简也讲："简读阳明议论，其'致良知'正用学问思辨笃行功夫，如曰：'惟精者，惟一之功；博文者，约礼之功；道问学者，尊德性之功。'皆是致的意思。第其门人流传之差，故有谓不用学问思辨笃行之功者，非其本旨也。先生于问辩录中有为之指其弊，得非惧流传之差而使学术之偏乎？抑亦有见乎？立言者之果偏而故救之乎？"[③]这两个人都认为阳明致良知教中的"致"字已经含有推扩充实之工，所以，将阳明此教之弊端归之门弟子流传之差，似乎更为恰当。可惜面对门人的疑问，湛若水言语含混，旧调重弹，不免着些意气在其中。

① 湛若水撰，黄明同主编，郭海鹰整理：《新泉问辨录》，《湛若水全集》第十三册，上海古籍出版社2020年版，第71页。

② 湛若水撰，黄明同主编，宁新昌整理：《金陵问答》，《湛若水全集》第十二册，上海古籍出版社2020年版，第191页。

③ 湛若水撰，黄明同主编，黄明同整理：《新泉问辨续录》，《湛若水全集》第十三册，上海古籍出版社2020年版，第154页。

我们这里的焦点还是集中在甘泉本人对《孟子》这一章的阐释上。湛若水将孟子所讲的良知解释为“人初心一点真切处”，而认为孟子所讲的重点其实在于“达之天下”的“达”字上。前者只是指出本心那一点稀薄暗弱的成善力量，而后者是讲工夫，没有“达”之工夫，则那一点稀薄暗弱的力量最终也会熄灭。所以，甘泉强调的是“教”与“学”对人这一点真切之初心的灌溉，他甚至还讲到“胎教”的问题。所以，所谓“孩提之童无不知爱亲敬兄”，并不是天生，而是教与学的结果。甘泉强调我们在现实生活中，经常会观察到孩童有时会“恃爱打詈其父母，紾兄之臂而夺之食”，这就证明了现成的良知并不可靠，所以教与学在一个人的道德生命成长过程中发挥着非常重要的作用。事实上，甘泉是将“良知”二字拆分，认为只有“知之良”才是良知，而此知是一个德性之知，也就是天理。只有体认得天理，方才是良知，否则所谓“良知”只是一个空空的知，此空空之知并没有一个良的形式，也没有任何实质的内容，这甚至会出现师心自用的恶果。“内容的获得”是一个涵养扩充的过程，而涵养扩充之道则在学问思辨笃行上。

湛若水对知识的学习似乎持更加开放的姿态，他将“学”界定为：“学也者，觉也。人之良知蔽于气习，故生而蒙，学问思辨所以发其蒙而觉之也，觉则复其良知之本体矣。如梦有觉之者，非外益之也。”[①]学即觉，觉即觉悟、觉醒之义。在甘泉看来，学习的目的在于摒除气习的遮蔽，使良知之本体得以在气习的遮蔽中光复出来。“非外益之”这个讲法值得我们注意，这意味着“内容的获得”并不是一个从外部获取的过程，而是一个“发其蒙而觉之”的过程。对甘泉所讲的“非外益之”如何理解？我们先来看甘泉对“扩充”的理解：

> （1）杨生问：“扩充之指。”曰：“非外有所增而致力也。存而养之，养则生，生则大，大则广，广则塞。是故至大配天，至广配地，充塞配万化，其扩充之谓乎！夫艺木者，根立而养之，则发而茂，茂而实，有不得已焉耳。”[②]
>
> （2）蔡羽恐操存之狭也，问扩充之术。甘泉子曰：“心体其大矣。苟操存而不失其本体，扩充之术，岂外是耶？”[③]

---

① 湛若水撰，黄明同主编，郭海鹰整理：《樵语》，《湛若水全集》第十二册，上海古籍出版社2020年版，第15页。

② 湛若水撰，黄明同主编，郭海鹰整理：《樵语》，《湛若水全集》第十二册，上海古籍出版社2020年版，第16页。

③ 湛若水撰，黄明同主编，郭海鹰整理：《雍语》，《湛若水全集》第十二册，上海古籍出版社2020年版，第85页。

第一段话中“非外有所增而致力”与前所谓“非外益之”意思的一样的，无非是要表示所谓的扩充工夫并不是从外部向本心的“注入”或者“增加”；再者，“非致力”意味着这种扩充工夫并非一种人力强制的安排，而是一个自然而然推扩的过程。“存则养，养则生，生则大，大则广，广则塞”，“则”字表达的逻辑性或因果性是一个完全自然而然的推扩过程，其实是所存生意一体不得已的推扩。而第二则则是确认了扩充的工夫是在本心的存养上进行的。既然扩充的过程是一体不得已的推扩，问题的关键便在于存心这一环节，也就是学问、思辨、笃行如何唤醒或觉醒吾所本有之“知”的问题。这里的“知”有两个含义，其一为“知字是吾心虚灵之本体”[①]，本体之知始终有天理在背后做支撑。甘泉以镜做譬喻，说：“人之心也，其犹镜乎！镜之明也，自然照物矣。心之明也，自能应物矣。学问思辨笃行，所以存养其知觉，其犹磨镜之工云尔。”[②]这个“知觉”不单纯是一种身体感觉器官的感应能力，而是以此二字直指心体，即本体之知，故存养其知觉也就是存养心体。第二种更常使用，是作用层面的“知”，不过此知在甘泉那里是一种德性之知，甘泉

---

① 湛若水撰，黄明同主编，郭海鹰整理：《新泉问辨录》，《湛若水全集》第十三册，上海古籍出版社2020年版，第10页。

② 湛若水撰，黄明同主编，郭海鹰整理：《雍语》，《湛若水全集》第十二册，上海古籍出版社2020年版，第70页。

讲说：

> 学于古训，自傅说以来孰能废之？然而天下之善读书者寡矣。《易》曰："多识前言往行以畜其德。"识，其知也，所以开发其聪明也。周子曰："圣贤之训，入乎耳，感乎心。"所以扩其知也。若夫从事事而记焉，则今之从事口耳者与！是故古昔圣贤之经书礼乐也，皆所以培养乎此也。夫然后能开发其知识，感通其义理。夫非由外得之也，我固有之也，藉是焉以开发感通之耳。昔舜居深山，及闻人善言，见人善行，若决江河，沛然莫之能御者，其感应之速焉，何也？以此心固有之也。[①]

古训，也就是儒家的经典著作。在湛若水看来，"古训者，其圣人之精乎"[②]，经典无不是圣人精神命脉的表现，其中所教者无不是为善去恶之道。这些道理不过是圣贤先得之吾心之同然者也。六经皆注我心而已，故他说："《易》以注吾心之时也，《书》以注吾心之中也，《诗》以注吾心之性情也，《春秋》以注吾心之是非也，

---

① 湛若水撰，黄明同主编，刘兴邦整理：《二业合一训》，《湛若水全集》第十二册，上海古籍出版社2020年版，第147页。

② 湛若水撰，黄明同主编，郭海鹰整理：《樵语》，《湛若水全集》第十二册，上海古籍出版社2020年版，第19页。

《礼》《乐》以注吾心之和序也。”[1]所以读六经就是要“觉”吾心本有之时、中、性情、是非、和序而已，既然本心所有自然非外益之。针对这种说法，人们会有所质疑：在古训、经典出现之前又当如何？甘泉有一讲法颇为精彩，足以破惑：

> 道无往而不在也，载而为六经，形而为天地万物，无非我心也。然则书院之胜，于其中居而四极也，则见夫东西南北拱粤秀而尊，居物有方而我无方，则若以发吾心全书之中矣。于其流动而不居也，则见夫山峙川流，日月往来，相代乎吾前者，则若有以发吾心全易之时矣。于其歌咏而嬉游也，景物欣欣，人鸟相应，则人情物理宛然在目，则若有以发吾心全诗之性情矣。于其时景之推夺而惨舒也，则见夫顺化者昌，逆化者亡，与之夺之，生之杀之，日形乎吾前，则若有以发吾心是非之春秋矣。于庶物之群分而合同也，则见夫高深下上，仰极乎天，俯临乎地，化化生生，保合而凝，则吾心天地之大礼大乐于斯乎全矣。是故治经以治心，而体天地万物之蕴，以与之

① 湛若水撰，黄明同主编，汪廷奎、刘路生整理：《广德州儒学新建尊经阁记》，《湛若水全集》第十七册，上海古籍出版社2020年版，第495页。

一焉，则全经在我矣。[①]

古训、经典所载之道其实是天地间流行不已之道而已。它既可以古训、经典的形式出现，也可蕴藏在天地万物之间。观感天地万物也可觉发吾心之中、时、性情、是非与和序，所以治经的目的在于体悟天地万物一体之精蕴，与之浑然一体。在这种意义上，读书治经并非要“事事而记”，徒口耳之背诵、记忆，这只是一种见闻之知，而不曾深嵌到身心之中；而是要如濂溪所讲那种“入乎耳、感乎心”，以感通吾心固有之德性、之天理。见闻而知，只是强记冥行，而德性之知则是颜子意义上之博约工夫，这种博约工夫并不是像蜜蜂采蜜一般，后者所采之蜜乃是一外物，而颜子所博约者乃吾心本有之知[②]。关于这种见闻之知与德性之知的不同，湛若水还有“观珠”与“贯珠”的说法：“曰：‘学何学矣？’曰：‘心。故善学者如贯珠矣，不善学者如观珠矣。’曰：‘观珠与贯珠之形何以异？’曰：‘观珠者，观他珠也，多学而记之类也。贯珠者，我贯我珠也，自我得之也，一以贯之之类也，知

① 湛若水撰，黄明同主编，汪廷奎、刘路生整理：《广德州儒学新建尊经阁记》，《湛若水全集》第十七册，上海古籍出版社2020年版，第516页。

② 湛若水撰，黄明同主编，郭海鹰整理：《樵语》，《湛若水全集》第十二册，上海古籍出版社2020年版，第10页。

识前言往行以蓄德也。'"[①]"观"完全是外在的事，与我无关，只有"贯"才能让自己的身心像一根线一样把所学之知串起来，久之才能豁然贯通。

所以，甘泉所讲之知乃是道德之知，这种"知"的重点显然不是对道德律令、规则的学习（当然也包括这一点），其重点在于感通、感发吾心本体之知，在于唤醒、培灌吾心本体固有的那一点为善成善的道德力量。甘泉反复申明此点："人心中天理具备，读书亦唤醒一番，何等有益！……不过唤醒此心之意。我固有之，师友亦不能与我也。世之能读书者少，能读而能不为之丧志，乃是高手。"[②]这里"此心之意"的"意"是"生意"之意，所以读书只是为了唤醒吾心固有之一体生意，即善之萌端，甘泉所讲意思甚明。对于读书学习，甘泉鼓励师友相聚讲习，而反对一个人离群索居独自读书。关于亲师友对工夫修养的作用，郑经哲曾有一段精彩说法，甘泉深以为然，认为其讲得甚好：

> 窃闻孔以仁为教，曾子以仁为任，其曰："以

① 湛若水撰，黄明同主编，汪廷奎、刘路生整理：《赠别黄太史序》，《湛若水全集》第十六册，上海古籍出版社2020年版，第139页。

② 湛若水：《答问》，《甘泉先生续编大全》卷二十八，嘉靖三十四年刻，万历二十三年修补本。

文会友，以友辅仁。”以文会友者，文非止文字文义云也，盖文者，仁之显，天地万物之理备于人，而散见于经传，可法可象者也。仁者，文之隐，乃心之天理、人之命脉，天地万物浑然一体者也。文与仁非二也，伊川先生所谓“隐显无间”也。君子会友以经以传，群而学焉、群而辨焉、群而思焉、群而问于师焉，朝斯、夕斯、日斯、月斯，不离索而废于斯，不盍簪而舍于斯。若此者，岂有他哉？欲其有所知，斯有所养；有所觉，斯有所存。克一念之仁，而复全体之仁；扩一事之仁，而为不可胜用之仁。虽为仁之机由己而不由人，而文会之功，所以警发人心之不死，而扶持天理之常存者，端在是也，岂文会为一事，而辅仁又别为功乎？《易》曰：“君子以朋友讲习。”讲习此仁也；《记》曰：“独学而无友，则孤陋而寡闻。”学而寡陋焉，则为仁之功或息矣。孟子曰：“责善，朋友之道。”乃友之不得已也，非辅仁之良方也。此见友之为益甚大，不可以不会以文，会文当知所以辅仁，而非区区文义间也。由是而成则为德行，发于外则为文章、为功业，润于身而泽于人，皆辅仁之能事、文会之成功，友道其大矣哉！[①]

---

① 湛若水撰，黄明同主编，黄明同整理：《新泉问辨续录》，《湛若水全集》第十三册，上海古籍出版社2020年版，第199页。

周濂溪曾有言“道义由师友有之”。师友集会讲习，可以知、可以养；讲习即其知，相观即其养[①]，因此甘泉非常反对离群索居自己独身为学，而其生平常主持讲学活动，而其也屡建书院以供学子往来集会讲习之用。郑经哲将师友集会讲学置于一个很高的位置，从体仁、辅仁的角度来讲：君子会友以儒家的经典进行讲习，群学、群辨、群思、群问于师，朝夕日月如此，不废于讲习，互相砥砺，也只是要“有所知”“有所养”“有所存”而已。所知、所养、所存者不过是此经典文字间所雀跃呈现的天地万物浑然一体的生意、仁意而已，于此生意、仁意，知、养、存，无非只是要“克一念之仁，而复全体之仁；扩一事之仁，而为不可胜用之仁”而已。所以，体仁之机虽然在于己身，但我们同样不能忽视集会讲习之作用。在此意义上，独自读书不如亲师友而讲习，而相观而善，因之其确实能熏陶气质、涵养德性。

体认天理之工夫无非是学之于古训、辨之于师友抑或是察之于感应[②]，其培灌、扩充工夫无不是学问、思辨、笃行之工夫。这五者所做之工夫当在本心上做，此无疑义，而如何在本心上做此工夫，湛若水引入白沙勿忘勿助的讲

---

① 湛若水撰，黄明同主编，郭海鹰整理：《樵语》，《湛若水全集》第十二册，上海古籍出版社2020年版，第13页。

② 湛若水撰，黄明同主编，郭海鹰整理：《樵语》，《湛若水全集》第十二册，上海古籍出版社2020年版，第20页。

法进行说明：

> 门人有问甘泉子曰："闻之学也、问也、思也、辨也、行也，其圣功之五窍，通乎道也。然乎？"曰："然。"曰："如五星齐明也，然乎？"曰："然。"曰："学问思辨行之不达，必达之，弗达弗措也，世岂有斯人哉？"……曰："如斯而已乎？"曰："然也，而有五至焉。学而无学，学之至也；问而无问，问之至也；思而无思，思之至也；辨而无辨，辨之至也；行而无行，行之至也。"曰："五窍五星，则吾既闻之矣。若夫五至，则吾未之闻焉。"曰："五至，一至也，无不在而无在。中正之学，学之至也。无不在者，精义之奥；无在者，存神之妙。故曰：'至诚无息，不息则久，久则征，征则悠远，悠远则博厚，博厚则高明。博厚配地，高明配天，悠久无疆。'其圣矣乎！平川子告归，故以为平川赠。平川何以处我？"[①]

"窍"即管道、通道之意，将学问思辨笃行视为圣学之"五窍"表明此无者乃是连通吾之心身与外面天地万

① 湛若水撰，黄明同主编，汪廷奎、刘路生整理：《赠平川子郭子还泰和叙》，《湛若水全集》第十六册，上海古籍出版社2020年版，第379页。

物之间的管道、通道，有窍才能生。这里关注的是甘泉关于“五至”的说法。所谓“五至”即是“学而无学”“问而无问”“思而无思”“辨而无辨”“行而无行”，而这“五至”其实是“一至”，即“无不在而无在”。也即是既要去学问思辨行，但又不能着于其上，也不能由其牵引而丧失本心。这是讲应在勿忘勿助之间学问思辨笃行，实际上是要突出本心在学问、思辨、笃行工夫中的主宰地位，避免将学问思辨笃行工夫变成一物之危险。若其成为一物，则连通吾之心身与天地万物之管道便堵塞住，吾心身一体之生意也将萎缩、枯寂。

四、存神工夫

我们知道湛若水用“神理”来指称天地生生不息的仁意，而“神理”一词也表现甘泉“以理摄气”的观点。所以，存神（理）的工夫所存之“神”首先是从本体的层面来讲，此“神”甚至是化生天地万物的“神灵”：“天地人物，其神之所为”。当然，这一“神”也兼着发用层面的意涵，它总是要通过“天机”“生机”呈露出来：“机者，自然之机，天之机也，神之所由存也。”[①]所以，甘泉主张通过体贴天地造化之生机来存养心体的生意（生意

---

① 湛若水：《心性书·神第二》，《甘泉先生续编大全》卷三十一，嘉靖三十四年刻，万历二十三年修补本。

即是生机发端之处），通过这种方法来体认天地万物一体之生理："'愚尝坐食东轩，见所畜鸭群卧喘息，与自家之呼吸一同，默喜而叹，见天地万物真与吾一体。推斯义也，虽欲自私得乎？然则先生所谓随处体认，不识此亦一事否乎？'答曰：'吾所谓体认天理者，体认此而已矣！能将此身与天地万物作一体看，即痛痒相关便是仁，便是天理也。如是涵养！'"[①]鸭群之喘息，便是天地造化生意，其喘息之一动一止便是天地造化之神之由存处，即是天地神理之呈露处。从鸭群喘息之一动一止到自家呼吸之一动一息，则完全可以洞见到天地造化之一翕一辟，而天地之"神"就在这一翕一辟之间。在这种意义上，存神工夫就是体贴天地这一翕一辟、一动一静之间所呈露出来的生生之机（神机）。

进一步讲，我们知道湛甘泉主张"天地生物无心，人即其心"。在这个意义上，心通于理，吾心便是天地造化之枢机，所以甘泉学生将天地造化之的神理解释为吾心之神理十分恰当："神也者，天之理，即吾心之神理也。"[②]一方面，人心之动静翕辟导自天地之动静翕辟："天地间阴不能不辟而为阳，阳不能不翕而为阴，是故一气之感人

① 湛若水撰，黄明同主编，刘兴邦整理：《问疑录》，《湛若水全集》第十三册，上海古籍出版社2020年版，第250页。

② 湛若水：《心性书·神第二》，《甘泉先生续编大全》卷三十一，嘉靖三十四年刻，万历二十三年修补本。

之心，静不能不感而为动，动不能不寂而为静。”[①]另一方面，天地之翕辟动静又是通过本心的一张一弛、一动一静敞现出来，所以存神工夫落实下来最终还是要紧扣到本心上。有学生曾经就阳明将动静的观点向甘泉请教：

阳明先生论动静二字不相离：“天地之化非是动了又静，静了又动。动静合一，静只在动中。且如天地之化，春而夏而秋而冬，而生长收藏，无一息之停，此便是动处。或春、或夏，或寒、或暖，或生长收藏、开花结子、青红绿白，年年若是，不差晷刻，不差毫厘，此便是静的意思。今人不知，谓动了又静，静了又动者非是。”此说隆闻之彭伯荩云：“先生在广中时，其论若此。”不知是否？

（甘泉子曰：）大段是如此，然求之天地不若验之人心之为切近也。感处是动，寂处是静，寂感皆一心也。寂感不相离也，故周子动静之说及动静无端、阴阳无始之说，皆已见得此理了。可更于自心上体之，见此者谓之见易，若以天地之化、春夏秋冬、寒暑、花实不差看天地之静，则恐看得粗了。盖可见者动，其不可见者静，□□□□□□□无之，无截然为

① 湛若水：《新论》，《泉翁大全集》卷二，嘉靖十九年刻，万历二十一年修补本。

阴、为阳、为动、为静之理。[①]

湛若水对阳明的说法似乎有微词，但如果通观甘泉的著述，则甘泉亦不会反对阳明所论，这里之所以说阳明“看得粗”了，完全是从工夫上的考虑，所谓“可更于自心上体之”是也。因为人心是天地造化之主宰，所以甘泉这里大概是要劝弟子王世隆做切身的工夫，只要自家工夫做得了，天地造化生生之理自然跃见，不必专门去讨。从这里看来，甘泉确实是将天道与心性打通为一，对这两方面都非常重视。

我们知道，道家也主张存神工夫，但是湛若水认为道家将“神”的位置放得太低，只把它看成是构成身体精力基础的血气中最精粹的部分：“葛涧问精气神相生。甘泉子曰：道家炼精以化气也，炼气以化神也，逆之矣。神其主乎！神也者，心志也，志一则动气，气一则动精。（人之精气神不异，而彼则小用之，不知神理故也。）”[②]神即心志，也即是心理之生意，很明显是在心性论上使用。所以，甘泉看来，道家只是从流行、发用的层面去认识“神”这一概念，将其与精、气置于同一层面讨论，完全

① 湛若水撰，黄明同主编，宁新昌整理：《金台问答》，《湛若水全集》第十二册，上海古籍出版社2020年版，第219—220页。

② 湛若水撰，黄明同主编，郭海鹰整理：《雍语》，《湛若水全集》第十二册，上海古籍出版社2020年版，第92页。

小看了“神”的地位与功能。在这个意义上，道家错认了存神工夫的节次（完全是逆之），不知道存神的工夫是体认本心天理的工夫。

五、治情工夫

儒家认为圣贤之学只在性情上理会。湛甘泉认为“血气者，人欲之根”[①]，修身工夫必定涉及血气的对治。而情欲之流荡至心之所发所应皆不中正，戕害吾心之生意，所以对治身体负面的血气所造成的影响，首先莫过于对治身体中的负面情绪，甘泉弟子黄锐“才应物便有失情处”[②]之感叹便道出了治情工夫的紧要性。在这种意义上，儒家的修身之学亦是性情之学。

湛若水在阐发治情工夫时非常强调要使内心时刻处于一个有所主宰（吾有主）的状态，有所主宰的状态就是天理的充盈与流贯，在这个意义上，甘泉非常主张存心、以理自胜的治情工夫：

（1）鄙见谓毁誉者，爱憎之常情。死生者，聚

① 湛若水撰，黄明同主编，刘兴邦整理：《问疑录》，《湛若水全集》第十三册，上海古籍出版社2020年版，第242页。

② 湛若水撰，黄明同主编，黄明同整理：《新泉问辨续录》，《湛若水全集》第十三册，上海古籍出版社2020年版，第136页。

散之常理。知此，则处之各顺其常，而心自安矣！人惟罹之而不加察，故誉则不胜其忻，毁则不胜其戚，不知原无加损也。父母兄弟之丧，妻妾儿女之没，哀之情也；然或有时而过，而遂因以伤其生，不知生死者数，理之恒无而有，有而无者也。吾痛夫吾尚困于是而未之脱然也。答曰："须知无加损者何物。若未见得这物，只在躯壳上起念，是以不能不动于毁誉死生也。若见得，则死生毁誉元不相干涉，其要只在体认。"[①]

（2）……夫道者之于圣人，虽大不侔，然有以自立，形骸皆忘，风雨、雷霆、晦冥、寒暑之代乎吾前，吾未尝见之，又安能为我动？匪直不为我动也，天地造化将在我掌握中矣。……然圣人不贵之，为其虚而无实，实与理相碍而不相入也。故舜纳于大麓，烈风雷雨弗迷，而孔子迅雷风烈必变，所以敬天也，天理也。仁者不忧，勇者不惧，智者不惑。……于此勘不破，则一梃之木将压我而无有矣，岂但雷乎？吾子之病根正在此。此必往年为雷所惊，因此为心病，故有此狂惑之言。此不可不理会。程子云："目畏尖物，室中悉置尖物，久之则自不畏。"此犹是就一处

① 湛若水撰，黄明同主编，刘兴邦整理：《问疑录》，《湛若水全集》第十三册，上海古籍出版社2020年版，第253页。

言之耳，若直穷其理而养之，则自无此病矣。不然雷者天地至灵之神也，岂拘拘求一善人如吾子者哉！此所谓吾理义之甲兵，孔门之力士也。[①]

（3）鄙见谓七情易发而难制者，莫如怒。程子谓“当怒时遽忘其怒，而观理之是非”，无乃以理御气！然忿怒为累亦自不细，寻常思欲察而制之，及怒时，又往往不能如程子所云者，窃念毕竟坐未尝实用其力故耳！……答曰：“圣贤之学只在性情上理会，故孔子不怨天、不尤人，颜子不迁怒、不二过，其要只在平时时时存心体认，遇有怒即知，不发得暴。程子之言不过使初学如此体验耳！若学之功，岂可到这时节才忘怒观理耶？患制怒不能者，只是心不存，体认之功疏耳！”[②]

（4）“经哲向问戒惧慎独养中之说。先生批教曰：‘戒惧慎独，情也，就动上用力。’哲觉《定性书》云：‘人能于其怒时遽忘其怒，而观理之是非。’又有怒发之时，不觉为气所动，此心一觉，即制遏之，使心平气和，不至过甚，亦是中否？”“亦是如此，但中即是天理，察见此天理，则《易》之惩

---

① 湛若水撰，黄明同主编，刘兴邦整理：《答霍平易》，《湛若水全集》第二十一册，上海古籍出版社2020年版，第274页。

② 湛若水撰，黄明同主编，刘兴邦整理：《问疑录》，《湛若水全集》第十三册，上海古籍出版社2020年版，第263页。

忿窒欲，颜子不迁怒二过，孔子不怨天尤人，与戒谨恐惧，不过都是存养此中耳。”[①]

（5）“清问：‘上蔡十年工夫，只是去一矜字……然欲去此，清意谓无过虚己，己虚则自然天理发见，胸中洒落，病根可除。……’”“若要去矜，除是体认天理，久则可夺旧习。介卿所谓‘虚己则自然天理发见，胸中洒落，病根可除’，此数言最好，见到此，不易得也。盖勿忘勿助，乃是虚己，天理自见，何用想象？见得时，矜复何有？……上蔡乃欲事事而习之，宜其十年不能去一矜字也。”[②]

这五则材料所问“治情”虽有所不同，而湛若水的回答在细节上也各有侧重，但是总体思路还是一致的，即要求修习者存心养理。第一、二条强调从洞识、体认天地造化之理入手来对治负面的情绪，其工夫要求就是要应顺“自然”。

第一条问哀情，这是门人王世隆的切身之问，他遭遇母丧而哀恸过切。遇父母兄弟、妻妾儿女之丧而哀伤，这是人真情的流露；这亦是人之天情，人所不能无者。但

① 湛若水撰，黄明同主编，郭海鹰整理：《新泉问辨录》，《湛若水全集》第十三册，上海古籍出版社2020年版，第36页。

② 湛若水撰，黄明同主编，郭海鹰整理：《新泉问辨录》，《湛若水全集》第十三册，上海古籍出版社2020年版，第43页。

是这种哀伤之情不能过于激烈，其标准在于是否伤及自己的身体性命（伤其生）。如果哀恸过度而伤生，不仅是不孝（不能全归父母之所生，不孝耳矣[1]），甚至在某种程度上，这也是一种私欲，因为其在一己之躯壳上起念，不知“人之身，其天地之身耳”[2]。这一则材料另有一处稍有不同的记载：“戊子岁，隆奉母夫人丧归，舟过南京上新河，风雪中，蒙师枉吊。坐顷，隆问，‘寻常外事，此心殊觉容易放下，独于此生一念不能释然，往往觉得贪生恶死意思在，何也？’师曰：‘此只就自家躯壳上起念故尔，若就天地万物上起念，则知天地之化，自生自死，自起自灭，于我了无干涉，何忧何虑而贪生恶死？此等去处看破，则忧虑自然无矣。’”[3]该记录的重点并不在如何面对父母之丧（即哀情过度的问题），而是对待生死的态度（独于此生一念不能释然）。贪生恶死者将自己的死生视作是私己的际遇，往往不能洞见到其生其死就如花开花落、潮起潮落一般，完全是天地造化流行自有的节奏或韵律，在生死关头不能坦然面对。

---

① 湛若水撰，黄明同主编，郭海鹰整理：《雍语》，《湛若水全集》第十二册，上海古籍出版社2020年版，第69页。

② 湛若水撰，黄明同主编，郭海鹰整理：《雍语》，《湛若水全集》第十二册，上海古籍出版社2020年版，第69页。

③ 湛若水撰，黄明同主编，宁新昌整理：《金台问答》，《湛若水全集》第十二册，上海古籍出版社2020年版，第224页。

第二条讲治惧。门人霍平易闻雷鸣而骇，湛若水认为这一定是孩提之时受惊雷之吓落下的心病，导致其对雷声感到恐惧。这完全是一个心理治疗的案例。湛若水认为克服对惊雷的恐惧感有两种方向。第一种是“形骸皆忘”，将天地万物（如惊雷、尖物）完全看成是虚化的存在，在心中挺立起一个主宰（在儒家看来这个主宰完全是虚化的），以此来克服对某物产生的恐惧感，这是道家的做法。道家的做法看似是与天地万物为一体，但是这种“忘”实则是对身体（形骸）的消解，这是与儒家最大的不同。

另一种则是将天地万物视作与己身生命一体相关之存在，如“舜纳于大麓，烈风雷雨弗迷，而孔子迅雷风烈必变”（惊雷无非是天所呈现出来的现象而已），这是一种“敬天”的行为。所谓“敬天”无非是要强调天地万物完全是我们生命意义得以敞现的场域（所谓参赞天地化育），敬天的对象似乎是一种外物，不过其方向却是向内的，是通过内在心性工夫的修持而达成的。在这种意义上，我们不能将其视作与我们不关痛痒之物，甚至虚化它们，而是应该对它们保持一颗敬畏之心。所以，儒家在对治恐惧的时候持一种更为积极的态度，它是从己身与天地万物（惊雷、尖物）之间这种一体关系出发，进而肯认天地万物是己身性命不可分割的部分，而在心中挺立起一生命主宰，这样恐惧的现象便没有产生的余地，因为没有人

会对自己“身体”的某个部位产生恐惧。

这是一种“无我”的状态，甘泉尝举例曰：“且如雷炮声之击烈，虽壮夫悍人则反惊惧昏倒，未周婴孩则若不闻者，何也？真纯与不真纯之别也，有我与无我之分也，此自难强，皆涵养所至。”[①]无我即无私我，没有各种意必固我之私，而将天地万物视为一体，明得此理即无所谓恐惧。就此，儒家对于天地万物只有敬畏，没有恐惧。

当然，肯认的方式也有两种，第一种是生理学的方法。一般来讲，恐惧感总是通过身体的某个部位（如惊雷是听觉、尖物是视觉）进行传导，它们曾经在刹那间对身体造成激烈的不适（悦）感，甚至给身体造成难以磨灭的伤痛；身体便将这种不适感或痛感与这一事物建立起一种因果联系，当这一事物出现，这种不适感或痛感也随之出现。所以，第一种方法是通过身体的强大进而挺立起一个强大的内心。这种方法是通过一些感官的强制训练（如目视尖物、耳听惊雷），改变身体感官的物理机能，让身体慢慢适应那些使其恐惧的事物。这样身体即通过打破旧的、建立新的条件反射关系（所谓的“肌肉记忆”）来达到治疗的效果。所谓“目畏尖物，室中悉置尖物，久之则

① 湛若水撰，黄明同主编，黄明同整理：《新泉问辨续录》，《湛若水全集》第十三册，上海古籍出版社2020年版，第162页。

自不畏”讲的就是这种方法，对治惊雷也有与此类似的方法。通过这种方法来治疗并不保险，可能会有反作用，它可能会产生像王阳明格竹子那样类似的心病。程子的话其实比较含混，既可以做前面的理解，但如果“室中悉置尖物”只是为了体贴在自己的生命处境中如何对待尖物，那么自然可以避免那种心病的产生。

这样，第一种方法看起来并不究竟，它必须根据不同的恐惧感而改变身体中不同感官的物理机能（就一处言之），甚至可能造成心病，最行之有效、最直接的方法是“直穷其理而养之”（这个理是天地万物一体之理），进而在内心挺立起一个强大的主宰。所以“勇者无惧”并不是通过身体的强大来克服恐惧（这是血气之勇），而是对天理真实、果确之肯认与涵泳，所谓“理义之甲兵，孔门之力士”是也。在这一意义上，如果修习者能够不从一己躯壳上起念，而能体贴、涵养到天地万物一体之理，将天地万物（惊雷、尖物）视作生命不可分割的部分，自然会生起对它们的敬畏之感，而不是恐惧。对治哀情与对治恐惧，虽然都是从天地万物一体之理入手，但是对哀情过度、贪生恶死的对治是要将生死置于天地造化自有之节奏中，而对某物恐惧感的对治则是要将天地万物视作（与自己的身体）一体相关的，这两种方向刚好是相反的。

四条材料讲“治（制）怒”，话头从程子“当怒时遽忘其怒，而观理之是非”来。程子所讲的治怒方法，要

求在怒气发生之时首先搁置怒气，进而对引发怒气之事物的原委曲折做出分析判断，这完全是运用知性力量强制怒气的发生。它有两种可能：一个是问题出现在自己身上，那自然不会怒了；另一个是问题在他人那里，但这时怒气经过“搁置”而慢慢消失了。无论如何，这往往是初学者的治怒方法：第一，它发生在每次怒气出现之后，在工夫的方向上并不究竟，又有“临时抱佛脚”（到怒时节才忘怒观理）的嫌疑，所以有“及怒时，又往往不能如程子所云”的感叹；第二，这种“观”完全是一种外在的“观看”，然后运用知性的力量把所观之道理告诉自己，以此调解怒气。

之所以讲“外在”，大抵在于它只就怒发之事做知性的判断与劝服，而不由心性本体入手。所以，并不是每一次“搁置”都能奏效，因为当致怒的原因出现在别人身上的时候，我们往往容易把问题放大，这时很可能导致怒气更盛，而出现“迁怒”的现象。为了保险起见，湛若水主张“观”的方向是自己而不是他人，也就是“反观本体”，即反省自己、从己身上寻找原因：“即人可怒而又观之，怒斯已甚，是之谓迁怒，故必反观本体。”[①]能够反观自己，则能握住“枢机”，以此为进德之地：“天之所

① 湛若水撰，黄明同主编，郭海鹰整理：《雍语》，《湛若水全集》第十二册，上海古籍出版社2020年版，第76页。

以与我之性，其机之在我者，天亦莫能夺也……吾能握吾之机，则凡横逆之来，适足以为进德之地。”[①]

这样，治怒（等负面情绪）的方向完全内转到自家的心性上，而由“外观”转为“内观”。在这一意义上，湛甘泉认为更为彻底的治怒方法是“在平时时时存心体认，遇有怒即知，不发得暴”，或者戒谨恐惧、存养天理（这个天理是一个中）。“遇有怒即知、不发得暴”，言下之意不是“不发”，而是所发要有一个节度，这个节度完全在所遇之怒上。“知”既是一个本体（心之知觉），又是一个作用：当遇到可怒之事时，心之本体当下便知觉到，而知觉到的当下随即恰如其分地发出来，这即是当怒则怒、怒而中节。弟子所说“怒发之时，不觉为气所动，此心一觉，即制遏之，使心平气和”看上去语脉与甘泉一致，但细读之下并非如此。“一觉”与“制遏”两词即表示怒发与工夫之间存在时间差（并非当下），哪怕这个时间差非常短；再者，“制遏”有一种强压怒气，使其不发的味道，完全后于后着，这与甘泉所说“怒不由己生，焉用制”[②]明显不同。

---

① 湛若水撰，黄明同主编，刘兴邦整理：《答戚黄门秀夫贤》，《湛若水全集》第二十一册，上海古籍出版社2020年版，第293页。

② 湛若水撰，黄明同主编，郭海鹰整理：《雍语》，《湛若水全集》第十二册，上海古籍出版社2020年版，第87页。

第五条讲治矜的工夫，但关注的重点不在所治的情绪上，而是里面所说的“虚己”与“勿忘勿助”的工夫。这两者可算是一种工夫，在对治其他情绪上同样适用。日常生活中，很多人都会有“胸中念虑丛生，用力扫除，其惑益甚”的感觉。情绪所发会有不当，往往是人们受到自己原来就有的念虑牵引。如果能够摒除这些念虑，这时内心处于一种“空空如也”的状态，那么人们在情绪发生的时候自然不会受到“前见”的影响，所发也自无不当。这是虚己的工夫。要做到虚己，“用力扫除”是不可能的，这样反而会有强制之病，而是要“全放下”。[①]全放下的工夫不是在念虑出现之后才去“扫除”它们，而是直接存养本体，在勿忘勿助之间体存天理，使心体始终处于一个中正的位置。这一则材料还有一点要辨析，甘泉批评上蔡治矜是在事事上习之，但是在（3）中他又讲“时时存心体认”。“时时体认”与“事事习之”完全不同：前者指工夫的修习丝毫没有间断，再者，因其没有间断，这种工夫的时间意识又完全是当下的；而后者则从工夫的方向或对象上讲，甘泉虽主张在事上做工夫（在事上存养心体），但是反对专在事上做工夫（即事事习之），这种做法有义袭、逐外的嫌疑，会使心体荡失于外，完全是一种支离的做法。

---

① 湛若水撰，黄明同主编，郭海鹰整理：《新泉问辨录》，《湛若水全集》第十三册，上海古籍出版社2020年版，第79页。

结　语

《江门学派：明代心学重镇》这本小书终于成稿，但最终与读者见面的篇章结构及内容与最初的设想有较大变化。最主要的原因是，篇幅的限制让全面系统梳理江门学派的学派统绪、义理体系及其思想衍变成为一项几乎不可能完成的任务。在这种情形下，本书尝试以江门学派的修身工夫作为一条线索，为读者勾画其学派学术思想的概貌，并努力呈现出其与姚江学派不同的心学特质。选择修身工夫作为线索，在于儒家学问的目标是做圣贤的事业，无论是作为成圣成贤超越根据的本体，还是作为圣贤工夫效验的境界，工夫都贯穿连接在“本体—境界”这两端之间。

第一章主要梳理江门学派的气论。“气”作为一物，在江门学派的义理体系中，它既是天地宇宙造化的质料性物质构成，更是学者成圣工夫的超越根据。在姚江的体系中，虽然也有“灵气”“良知是造化精灵”等概念命题，但“气”并非位居台前的显题。江门诸子尤以湛若水、蒋信、刘宗周为代表，以“气”直截打通天地人物的区隔，“形上—形下”的界限。“通”既是流通，又是感通。甘泉其“性者天地万物一体”，即以“一体”直截认取人所得之天性。所谓“一体”即气之流通与心之感通畅通无碍，而不会因为人为的区隔安排而堵塞至痿痹不仁；另一方面，“一体”并不意味着无差别的相同，特别是其所提揭的“气一分殊”，与朱子学派“理一分殊”相比，更突出天地人物有机联系中“自然”“生生”一面，这是江门学派的共识。“气”之雀跃，贯穿在江门学派自然宗旨、静坐工夫与体认天理之间，可以说是其学派心学思想的特色。

第二章主要梳理江门学派的“自然”宗旨。自然即不涉人为安排，首先表现在对待知识的态度上，江门学派所要追寻的是以德性之知为中心的为己之学。其学之机窍在我，即在于自得，但这并不意味着所为之学没有客观的界限，而随主体迁转流变。事实上，江门学派所讲为己之学其对象在于自然天然之生理。无论色色信他本来、不容一物、勿忘勿助之间、无言默识等工夫，最终都是要自得这一活泼泼的天理。“得”在江门学派这里并不是外在知识性的了解，是要达到人理合一的状态，人之动作旋转之间完全是天理的朗现，皆是鸢飞鱼跃之道体流行。

江门学派在修身工夫上以致虚守静为人熟知，陈献章“静中养出端倪”开启明代儒学舍繁求简之内转，但亦由此引发诸种争议误解。第三章便主要处理其静坐问题。作者从收摄身心、静养端倪、静悟本体、观天地生物气象几个角度梳理作为身心修炼技艺的静坐，指出其工夫所涉之类型、坐法、观法、时间与场所。特别是尝试澄清陈献章与湛若水在静坐态度上微妙的差异，指出甘泉以“敬”摄“静”背后的考量，与其学派宗传意识密不可分。但无论如何，静坐始终是江门学派最重要的修身工夫，尽管这一项修身技艺有天理在背后支撑而获得儒家特色，然而，佛教禅宗的影响仍不可忽视，至少在当时学界所造成的客观影响及后世评介中，儒门禅影一直笼罩着江门学派。

第四章主要处理江门学派体认天理工夫。湛若水“随处体认天理”宗旨为人熟知，作为其学问工夫的标的，但这并不是甘泉独自发明。陈献章早已有体认物理之说，而江门后学亦围绕体认天理对学派思想进行发展。不过，这一章仍以甘泉为中心，将其作为主要线索进行讨论。在作者看来，目前对湛若水随处体认天理宗旨的研究主要集中在其内部结构上，但对这一宗旨的发生、成熟与衍变并没有清晰刻画，一般将其归之于丁巳所悟而持守终身。通过考察，笔者认为湛若水随处体认天理宗旨至少要在西樵山与王阳明往复辩论格物，与阳明致良知教分庭抗礼之际才真正提揭，而其打通体认天理工夫的“心—物”区界则在

其于西樵烟霞洞夜悟格物之指，转化了“心—物”的结构关系。在此基础上，以刘宗周体认天理即体仁，重新梳理江门学派体认天理工夫之意蕴及其价值。

这本小书只是为研习中国传统思想或明代岭南儒学的读者提供一条进入江门学派的方便线索。既是方便，自然有限。遵从江门学派自得之学的宗旨主张，读者在阅读此书时更应以自学自悟自得作为方法，通过其而自窥江门学问工夫之宏规。

参考文献

一、古代文献

周敦颐著，陈克明点校：《周敦颐集》，中华书局，1990年。

张载著，章锡琛点校：《张载集》，中华书局，1978年。

程颢、程颐著，王孝鱼点校：《二程集》，中华书局，1981年。

朱熹著，朱杰人等点校：《朱子全书》，上海古籍出版社、安徽教育出版社，2010年。

陈献章著，孙通海点校：《陈献章集》，中华书局，1987年。

林光著，罗邦柱点校：《南川冰蘖全集》，中国文史出版社，2004年。

李承箕：《大厓李先生诗文集》，明正德五年吴廷举

刻本，《四库全书存目丛书》集部第四三册。

湛若水著，黄明同等点校：《湛若水全集》（全二十二册），上海古籍出版社，2020年。

王守仁著，吴光等点校：《王阳明全集》，浙江古籍出版社，2010年。

贺钦著，吴玉梅点校：《医闾先生集》，辽宁人民出版社，2011年。

蒋信著，刘晓林点校：《蒋道林文萃》，岳麓书社，2009年。

唐枢：《木钟台集》，明嘉靖万历刻本，见《四库全书存目丛书》子部第一六二册。

刘宗周著，吴光等点校：《刘宗周全集》（全六册），浙江古籍出版社，2007年。

黄宗羲著，沈芝盈点校：《明儒学案》，中华书局，2008年。

二、现代著作

陈来：《有无之境——王阳明哲学的精神》，三联书店，2009年。

陈少明：《等待刺猬》，上海三联书店，2004年。

陈立胜，《王阳明“万物一体”论——从“身-体”的立场看》，华东师范大学出版社，2008年。

陈立胜：《从“修身”到“工夫”——儒家内圣学的

开显与转折》，台湾大学出版中心，2021年。

陈郁夫：《江门学记——陈白沙及湛甘泉研究》，学生书局，1984年。

陈裕荣：《湛甘泉传》，广东人民出版社，2006年。

郭海鹰：《湛甘泉工夫论研究》，中山大学中国哲学博士论文，2016年。

郭海鹰：《一代儒宗的“心—理”之路——湛若水作品选读》，广州出版社，2021年。

黄明同：《陈献章评传》，南京大学出版社，1998年。

李存山：《中国气论探源和发微》，中国社会科学出版社，1990年。

黎业明：《湛若水年谱》，上海古籍出版社，2009年。

黎业明：《陈献章年谱》，上海古籍出版社，2015年。

乔清举：《湛若水哲学思想研究》，文津出版社，1993年。

小野泽精一等：《气的思想——中国自然观与人的观念的发展》，上海世纪出版集团，2007年。

王曙星等编：《陈白沙新论》，花城出版社，1995年。

王文娟：《湛甘泉哲学思想研究》，巴蜀书社，2012年。

章沛：《陈白沙哲学思想研究》，广东人民出版社，1984年。

张学智：《明代哲学史》，北京大学出版社，2000年。